中国近代史

蒋廷黻

【插图增强版】

蒋廷黻 著

1840—1925

中国的挫败、自强与变革

江苏人民出版社

图书在版编目（CIP）数据

蒋廷黻中国近代史 / 蒋廷黻著 . -- 南京 : 江苏人民出版社 , 2017.7

ISBN 978-7-214-20099-0

Ⅰ. ①蒋… Ⅱ. ①蒋… Ⅲ. ①中国历史－近代史 Ⅳ. ①K25

中国版本图书馆 CIP 数据核字（2017）第 046020 号

书　　名	**蒋廷黻中国近代史**
著　　者	蒋廷黻
责任编辑	张晓薇
装帧设计	凤凰含章
出版发行	江苏人民出版社
出版社地址	南京市湖南路 1 号 A 楼，邮编：210009
出版社网址	http://www.jspph.com
印　　刷	天津旭丰源印刷有限公司
开　　本	718mm × 1000mm　1/16
印　　张	16
字　　数	220 千字
版　　次	2017 年 7 月第 1 版　2020 年 8 月第 3 次印刷
标准书号	ISBN 978-7-214-20099-0
定　　价	45.00 元

编者序

学习历史有助于我们温故知新、明鉴是非、陶冶情操、开阔眼界，增强历史使命感，提高观察问题、分析问题的能力和水平。随着中国经济的崛起、国力的提高，时代要求我们重建民族自信心和自尊心，重塑中国文化和精神，而如果不了解自己民族和国家的历史，没有中国历史和文化底蕴的支撑，则是不可能的。因此，我社特意选取了民国时期著名历史学家蒋廷黻先生撰写的《中国近代史》，予以重新出版，以飨读者。

蒋廷黻（1895–1965年），湖南邵阳人，中国近代史研究领域的开拓者，外交家。他1911年只身赴美求学，入哥伦比亚大学研究院攻读历史，获博士学位。1923年回国，任南开大学第一任历史系主任，与梁启超一起成为南开大学史学的奠基者。1925年，调入清华大学任历史系主任之职。在教学期间，他所培养的弟子中有很多人都成为日后史学界的栋梁中坚，如费正清、何炳棣、邵循正、郭廷以、夏鼐、姚薇元、吴相湘等。1935年，弃学从政。1965年，病逝于纽约。

蒋廷黻先生研究历史反对“治史书而非史学”的传统方法，采用“重综合、重分析、重整体把握”的新史学方法，并将其引入当时尚属荒漠的近代史领域，从而在学界引起巨大反响。正如郭廷以先生所说：“近代中国史的研究，蒋先生是个开山的人。近四十年来，蒋先生在这方面最大的贡献，是开创新的风气，把中国近代史研究带入一个新的境界。”

这本《中国近代史》被誉为是研究中国近代史的开山之作，写于1938年。全书从鸦片战争开始讲起，一直叙述到抗日战争爆发，主题鲜明，史论兼具，更将近百年的历史浓缩在短短的5万余字之中。虽然过去了70多年，但对今天的读者和社会亦有极大的启发价值。

此次，本社以1938年初版本为底本，另附有蒋廷黻先生的另外两篇论文——《中国与近代世界的大变局》《琦善与鸦片战争》。需要特别说明的是，本书因产生于民国时期，距今已远，故表达方式与当今社会已有不少差距。但为了尊重蒋廷黻先生的原著和那个特定的年代，我们除对极少数地方予以处理外，其他一概保留旧貌，以期为读者奉献一部原汁原味的《中国近代史》。此外，我们还为本书插入120余插图，这些插图均是相应的历史事件发生时的同时之作，或出自当时的新闻报刊插画，或出自当时的摄影者之手。每一张图片我们还特意作了较为详细的图说，可作为正文的有益补充。因为图说出于现代，故年代、数字等表示法均采用现代出版规范的形式，以作为与正文的区别。总之，我们希望在阅读原著的同时，图片可以使读者更为直观地感受这些重大的历史事件和当时的社会氛围，相辅相成，相得益彰。

本书一定还有疏漏不足之处，欢迎广大读者批评指正。

编者谨识

总论

中华民族到了十九世纪就到了一个特殊时期。在此以前，华族虽与外族久已有了关系，但是那些外族都是文化较低的民族。纵使他们入主中原，他们不过利用华族一时的内乱而把政权暂时夺过去。到了十九世纪，这个局势就大不同了，因为在这个时候到东亚来的英、美、法诸国绝非匈奴、鲜卑、蒙古、倭寇、清人可比。原来人类的发展可分两个世界，一个是东方的亚洲，一个是西方的欧美。两个世界虽然在十九世纪以前曾有过关系，但是那种关系是时有时无的，而且是可有可无的。在东方这个世界里，中国是领袖，是老大哥，我们以大哥自居，他国连日本在内，也承认我们的优越地位。到了十九世纪，来和我们找麻烦的不是我们东方世界里的小弟们，是那个素不相识而且文化根本互异的西方世界。

嘉庆、道光年间的中国人当然不认识那个西方世界。直到现在，我们还不敢说我们完全了解西洋的文明。不过有几点我们是可以断定的：第一，中华民族的本质可以与世界上最优秀的民族相比，中国人的聪明不在任何别的民族之下；第二，中国的物产虽不及俄、美两国的丰厚，然总在一般国家水平线之上；第三，秦始皇的废封建为郡县及汉、唐两朝的伟大帝国，足证我民族是有政治天分的。是故论人论地，中国本可大有作为。然而到了十九世纪，我民族何以遇着空前的难关呢？第一，是因为我们的科学不及人。人与人的竞争，民族与民族的竞争，最足以决胜负的，莫过于知识的高低。科学的知识与非科学的知识比赛，好像汽车与人力车的比赛。在嘉庆、道光年间，西洋的科学基础已经打好了，而我们的祖先还在那里做八股文，讲阴阳五行。第二，西洋已于十八世纪中叶起始用机器生财打仗，而我们的工业、农业、运输、军事，仍保存唐、宋以来的模样。第三，西洋在中古的政治局面很像中国的春秋时代，文艺复兴以后的局面很像我们的战国时代。在列强争雄的生活中，西洋人养成了热烈的爱国心，深刻的民族观念。我们则死守着家族观念和家乡观念。所以在十九世纪初年，西洋的国家虽小，然团结有如铁石之固；我们的国家虽大，然如一盘散沙，毫无力量。总而言之，到了十九世纪，西方的世界已经具备了所谓的近代文化，而东方的世界则仍滞留于中古，我们是落伍了！

近百年的中华民族根本只有一个问题，那就是：中国人能近代化吗？能赶上西洋人吗？能利用科学和机械吗？能废除我们的家族和家乡观念而组织一个近代的民族国家吗？能的话，我们民族的前途是光明的；不能的话，我们这

18世纪中叶，英国率先开始了工业革命。从此，机器取代人力，大规模工厂化生产取代个体工场手工生产，人类文明进入了新的篇章。此图描绘的是1835年在英格兰兰开夏郡的纺织厂中，工人们利用机器劳动的场景。

↑圣彼得堡始建于1703年，1712年彼得大帝迁都到此，一直到1918年，圣彼得堡都是俄罗斯政治、经济和文化的中心。此图是18世纪中叶的一幅油画，正描绘了涅瓦河上繁忙的商贸往来景象。图片下面正中央处是一艘悬挂了英国国旗的商船，这也说明了圣彼得堡在俄罗斯近代化改革中的重要地位。

←彼得大帝，即彼得一世，罗曼诺夫王朝的第四代沙皇，近代俄罗斯的政治、经济、文化、教育、科技等方面的发展无不源于彼得大帝时代。

个民族是没有前途的。因为在世界上，一切国家能接受近代文化者必致富强，不能者必遭惨败，毫无例外。并且接受得愈早愈速就愈好。日本就是一个例子，日本原有土地不过相当中国的一省，原有的文化几乎全是隋、唐以来自中国学去的。近四十年以来，日本居然能在国际上做一个头等的国家，就是因为日本接受近代文化很快。我们还可以把俄国做个例子。俄国在十五世纪、十六世纪、十七世纪也是个落伍的国家，所以那时在西洋的大舞台上，几乎没有俄国的地位。可是在十七世纪末年，正当我们的康熙年间，俄国幸而出了一个大彼得，他以专制皇帝的至尊，变名改姓，微服到西欧去学造船，学炼钢。后来他又请了许多西欧的技术家到俄国去，帮助他搞维新。那时许多的俄国人反对他，尤其是首都莫斯科的国粹党。他不顾一切，奋斗到底，甚至迁都到一个偏僻的、但是滨海的涅瓦河旁，因为他想靠海就容易与近代文化发源地的西欧往来。俄国的近代化基础是大彼得立的，他是俄罗斯民族大英雄之一，所以就连斯大林也很推崇他。

土耳其的命运也足以表示近代文化左右国家富强力量之大。在十九世纪初年，土耳其帝国的土地跨欧、亚、非三洲，土耳其人也是英勇善战的。但是在十九世纪百年之内，别国的科学、机械和民族主义有一日千里的长进，土耳其则只知保守。因此土耳其遂受了欧洲列强的宰割。到了一八七八年以后，土耳其也有少数青年觉悟了非维新不可，但是他们遇着极大的阻力。第一，土耳其的国王，如中国的清朝一样，并无改革的诚意。第二，因为官场的腐败，创造新事业的经费都被官僚侵吞了，浪费了。国家没有受到新事业的益处，人民增加了许多的苛捐杂税，似乎国家愈改革就愈弱愈穷。关于这一点，土耳其的近代史也很像中国的近代史。第三，社会的守旧势力太大，以致有一个人提倡维新，就有十个人反对。总而言之，土耳其在十九世纪末年的维新是三心二意的，不彻底的，无整个计划的。其结果是在上次世界大战中的惨败，国家几致于灭亡。土耳其人经过那次大国难以后一致团结起来，拥护民族领袖凯末尔，于是始得复兴。凯末尔一心一意为国家服务，不知有他。他认识了时代的潮流，知道要救国非彻底接受近代的文化不可。他不但提倡科学工业，甚至改革了土耳其的文字，因为土耳其的旧文字太难，儿童费在文字上的时间和脑力太多，能费在实学上的必致减少。现在土耳其立国的基础算打稳了。

日本、俄国、土耳其的近代史大致是前面说的那个样子。这三国接受了近代的科学、机械及民族主义，于是复兴了，富强了。现在我们要研究我们的近代史。

我们要注意帝国主义如何压迫我们。我们要仔细研究每一个时期内的抵抗方案。我们尤其要分析每一个方案成败的程度和原因。我们如果能找出中国近代史的教训，我们对于抗战建国就更能有所贡献了。

乾隆初年，鸦片输入每年约四百箱，每箱约百斤。乾隆禁止内地商人贩卖，但是没有效果，到了嘉庆初年，输入竟加了十倍，每年约四千箱。嘉庆下令禁止入口，但是因为官吏的腐败和查禁的困难，销路还是继续增加。

道光对于鸦片是最痛心的，对于禁烟是最有决心的。即位之初，他就严申禁令，可是在他的时代，鸦片的输入增加最快。道光元年（1821年）输入尚只五千箱，道光十五年（1835年），就加到了三万箱，值价约一千八百万元。中国的银子漏出，换这有害无益的鸦片，全国上下都认为是国计民生的大患。

——摘自

第一章第二节 英国人做鸦片买卖

英、法的军队直向北京推进。清廷改派怡亲王载垣为钦差大臣，在通州交涉。条件又讲好了，但英使的代表巴夏礼在签字之前声明，英使到北京后，必须向中国皇帝面递国书。这是国际间应行的礼节，但那时中国人认为这是外夷的狂悖，其居心叵测，中国绝不能容忍。载垣乃令军队捕拿英、法代表到通州来的交涉人员。这一举激怒外人，军事又起了。

咸丰帝原想“亲统六师，直抵通州，以伸天讨，而张挞伐”。可是通州决裂以后，他就逃避热河，派恭亲王奕䜣留守北京。

——摘自

第一章第七节 剿夷派崩溃

经过四次的御前会议，西太后乃于五月二十五日向各国同时宣战。到七月二十日，董福祥的军队连同几万拳匪，拿着他们的引魂幡、混天大旗、雷火扇、阴阳瓶、九连环、如意钩、火牌、飞剑及其他法宝，仅杀了一个德国公使，连东交民巷的公使馆都攻不破。同时八国联军由大沽口进攻，占天津，慢慢地逼近北平。于是西太后同光绪帝逃到西安。李鸿章又出来收拾残局。

——摘自

第四章第三节 顽固势力总动员

辛亥的秋天，清政府请袁世凯出来主持大政，正因为当时全国最精的北洋军队是忠于袁世凯的。中山先生在民国元年所以把总统的位置让给袁世凯也与这个缘故有关。我们说过，在太平天国以前，中国并没有私有的军队，有之从湘军起。湘军的组织和精神传给了淮军，淮军又传给了北洋军，以致流毒于民国。不过湘军和淮军都随着他们的领袖尽忠于清朝，所以没有引起内乱。到了民国，没有皇帝了，北洋军就转而尽忠于袁世凯。

袁死了以后，靠利禄结合的北洋军队当然四分五裂了。大小军阀，遍地皆是，他们混打了十年，他们都是些小袁世凯。

——摘自

第四章第六节 军阀割据十五年

目录

第一章 剿夷与抚夷

道光帝

第二章 洪秀全与曾国藩

第三章 自强及其失败

第四章 瓜分及民族之复兴

外国人绘制的义和团民画像

附录一 中国与近代世界的大变局

附录二 琦善与鸦片战争

一只绘有探险船的葡萄牙陶碗

第一章

剿夷与抚夷

1. 英国请中国订立邦交

在十九世纪以前，中西没有邦交。西洋没有派遣驻华的使节，我们也没有派大使公使到外国去。此中的缘故是很复杂的。第一，中西相隔很远，交通也不方便。西洋到中国来的船只都是帆船。那时没有苏伊士运河，中西的交通须绕非洲顶南的好望角，从伦敦到广州顶快需三个月。因此商业也不大。西洋人从中国买的货物不外丝茶及别的奢侈品。我们的经济是自给自足的，用不着任何西洋的出品。所以那时我们的国际贸易总有很大的出超。在这种情形之下，邦交原来可以不必有的。

还有一个缘故，那就是中国不承认别国的平等。西洋人到中国来，我们总把他们当做琉球人、高丽人看待。他们不来，我们不勉强他们。他们如来，必尊中国为上国并以藩属自居。这个体统问题、仪式问题就成为邦交的大阻碍，“天朝”是绝不肯通融的。中国那时不感觉有联络外邦的必要，并且外夷岂不

当中国还关起国门做着“天朝上国”的迷梦时，英国人早已取得了海上霸权，使其皇家舰队驰骋于世界四大洋之上了。

是蛮貊之邦，不知礼义廉耻，与他们往来有什么好处呢？他们贪利而来，天朝施恩给他们，许他们做买卖，借以羁縻与抚绥而已。假若他们不安分守己，天朝就要“剿夷”。那时中国不知道有外交，只知道“剿夷与抚夷”。政治家分派别，不过是因为有些主张剿，有些主张抚。

那时的通商制度也特别，西洋的商人都限于广州一口。在明末清初的时候，西洋人曾到过漳州、泉州、福州、厦门、宁波、定海各处。后来一则因为事实的不方便，二则因为清廷法令的禁止，就成立了所谓一口通商制度。在广州，外人也是不自由的，夏秋两季是买卖季，他们可以住在广州的十三行，买卖完了，他们必须到澳门去过冬。十三行是中国政府指定的十三家可以与外国人做买卖的。十三行的行总是十三行的领袖，也是政府的交涉员。所有广州官吏的命令都由行总传给外商，外商上给官吏的呈文也由行总转递。外商到广州照法令不能坐轿，事实上官吏很通融。他们在十三行住的时候，照法令不能随便出游，逢八（也就是初八、十八、二十八）可以由通事领导到河南的“花地”去游一次。他们不能带军器进广州。“夷妇”也不许进去，以防“盘踞之渐”。顶奇怪的禁令是外人不得买中国书，不得学中文。第一个耶稣教传教士马礼逊博士的中文教师，每次去授课的时候，身旁必须随带一只鞋子和一瓶毒药，鞋子表示他是去买鞋子的，而不是去教书的，毒药是预备万一官府查出，可以自尽。

那时中国的海关是自主的，朝廷所定的海关税则原来很轻，平均不过百分之四，清政府并不看重那笔海关收入，但是官吏所加的陋规极其繁重，大概连正税要收货价的百分之二十。中国法令规定税则应该公开，事实上，官吏绝守秘密，以便随意上下其手。外人每次纳税都经过一种讲价式的交涉，因此很不耐烦。

中国那时对于法权并不看重。在中国境内，外国人与外国人的民刑案件，中国官吏不愿过问，那就是说，自动地放弃境内的法权。譬如乾隆十九年（1755年），一个法国人在广州杀了一个英国人，广州的府县最初劝他们自己

图中所绘为广州港，岸上建筑为各国商馆。

调解，后因英国坚决要求，官厅始理问。中国人与外国人的民事案件总是由双方设法和解，因为双方都怕打官司之苦。倘若中国人杀了外国人，官厅绝不偏袒，总是杀人者抵死，所以外国人很满意。只有外国人杀中国人的案子麻烦，中国人要求外人交凶抵死，在十八世纪中叶以前，外人遵命者多，以后则拒绝交凶，拒绝接受中国官厅的审理，因为他们觉得中国刑罚太重，审判手续太不高明。

外国人最初对于我们的通商制度虽不满意，然而觉得既是中国的定章，只好容忍。到了十八世纪末年（乾隆末年，嘉庆初年），外国人的态度就慢慢地变了。这时中国的海外贸易大部分在英国的东印度公司手里。在广州的外国人之中，英国已占领了领袖地位。英国此时的工业革命已经起始，昔日的手工业都慢慢地变为机械制造。海外市场在英国的国计民生上一天比一天紧要，中国对通商的限制，英国认为最不利于英国的商业发展。同时英国在印度已战胜了法国，印度半岛全入了英国的掌握。以后再往亚东发展也就更容易了，因为有了印度作为发展的根据地。

当时欧洲人把乾隆皇帝作为一个模范的开明君主看。英国人以为在华通商所遇着的困难都是广州地方官吏做出来的。倘若有法能使乾隆知道，他必愿意改革。一七九一年（乾隆五十六年）正是乾隆帝满八十岁的那年，如果英国趁机派使来贺寿，那就能得到一个交涉和促进中、英友谊的机会。广州官吏知道乾隆的虚荣心，竭力怂恿英国派使祝寿。于是英国乃派马戛尔尼（Lord Macartney）为全权特使于一七九二年来华。

马戛尔尼使节的预备是很费苦心的。特使乘坐头等兵船，并带卫队。送乾隆的礼物都是英国上等的出品。用意不外要中国知道英国是个富强而且文明的国家。英政府给马戛尔尼的训令要他竭力迁就中国的礼俗，唯必须表示中、英的平等。交涉的目的有好几个：第一，英国愿派全权大使常驻北京，如中国愿派大使到伦敦去，英廷必以最优之礼款待之。第二，英国希望中国加开通商口岸。第三，英国希望中国有固定的、公开的海关税则。第四，英国希望中国给他一个小岛，可以供英国商人居住及贮货，如同葡萄牙人在澳门一样。在乾隆帝方面，他也十分高兴迎接英国的特使，但是乾隆把他当做一个藩属的贡使看

马戛尔尼使团于1792年9月26日从英国本土的朴次茅斯港出发，于1793年的夏天到达中国，由天津登陆，在北京稍事停顿后就前往承德避暑山庄。最终，英国人被安排在1793年农历八月十三日这天谒见乾隆皇帝。上图描绘的即是英国使团在等候皇帝仪仗队时的场景。觐见时究竟行的何种礼节中、英双方记载有很大不同。英国人说马戛尔尼等人按照觐见英王的礼仪单膝跪地，未曾叩头；和珅的奏折却说，英国使臣等向皇帝行三跪九叩之礼。因双方记载不同，已很难明其真相。右图是英国人所绘的觐见时的场景。但无论如何，中国与英国之间的第一次官方接触是以失败告终了。随后，英国使团在没有完成使命的情况下踏上了归途。但此次接触也不是全然没有意义，他在一定程度上改变了欧洲人对中国的态度，就像马戛尔尼在访华后说的："清政府好比是一艘破烂不堪的头等战舰，要击败它并不困难。"从此，18世纪盛行于欧洲的关于中国强盛富庶的看法开始改变。

待，要他行跪拜礼。马戛尔尼最初不答应，后来有条件地答应。他的条件是：将来中国派使到伦敦去的时候，也必须向英王行跪拜礼；或是中国派员向他所带来的英王的画像行跪拜答礼。他的目的不外要表示中、英的平等。中国不接受他的条件，也就拒绝行跪拜礼。乾隆帝很不快乐，接见以后，就要他离京回国。至于马戛尔尼所提出的要求，中国都拒绝了。那次英国和平的交涉要算完全失败了。

十八世纪末年和十九世纪初年，欧洲正闹法兰西革命和拿破仑战争，英国无暇顾及远东商业的发展。等到战事完了，英国遂第二次派使节来华，其目的大致与第一次同。但是嘉庆给英使的待遇远不及乾隆，所以英使不但外交失败，并且私人对中国的感情也不好。

英国有了这两次的失败，知道和平交涉的路走不通。

中西的关系是特别的。在鸦片战争以前，我们不肯给外国平等待遇；在以后，他们不肯给我们平等待遇。

到了十九世纪，我们只能在国际生活中找出路，但是嘉庆、道光、咸丰年间的中国人，不分汉、满，仍图闭关自守，要维持历代在东方世界的光荣地位，根本否认那个日益强盛的西方世界。我们倘若大胆地踏进大世界的生活，我们需要高度地改革，不然，我们就不能与列强竞争。但是我们有与外人并驾齐驱的人力物力，只要我们有此决心，我们可以在十九世纪的大世界上得到更光荣的地位。我们研究中华民族的近代史，必须了解近代的邦交是我们的大困难，也是我们的大机会。

2. 英国人做鸦片买卖

在十九世纪以前，外国没有什么大宗货物是中国人要买的，外国商船带到中国来的东西只有少数是货物，大多数是现银。那时的经济学者，不分中外，都以为金银的输出是于国家有害的。各国都在那里想法子增加货物的出口和金银的进口。在中国的外商，经过多年的试验，发现鸦片是种上等的商品。于是英国东印度公司在印度奖励种植，统制运销。乾隆初年，鸦片输入每年约四百箱，每箱约百斤。乾隆禁止内地商人贩卖，但是没有效果，到了嘉庆初年，输入竟加了十倍，每年约四千箱。嘉庆下令禁止入口，但是因为官吏的腐败和查禁的困难，销路还是继续增加。

道光对于鸦片是最痛心的，对于禁烟是最有决心的。即位之初，他就严申禁令，可是在他的时代，鸦片的输入增加最快。道光元年（1821年）输入尚只五千箱，道光十五年（1835年），就加到了三万箱，值价约一千八百万元。中

本组图片展示的是英国东印度公司制造和储存鸦片的工艺流程：图1是分捡；图2是搅拌；图3是赋形；图4是干燥；图5是仓储。

国的银子漏出，换这有害无益的鸦片，全国上下都认为是国计民生的大患。广东有一帮士绅觉得禁烟绝不能实行，因为“法令者，胥役之所借以为利也，立法愈峻，则索贿愈多”。他们主张一面加重关税，一面提倡种植，拿国货来抵外货，久而久之，外商无利可图，就不运鸦片进口了。道光十四五年（1834–1835年）的时候，这一派的议论颇得势，但是，除许乃济一人外，没有一人敢冒天下之大不韪，公开提倡这个办法。道光十八年（1838年），黄爵滋上了一封奏折，大声疾呼主张严禁。他的办法是严禁吸食，他说没有人吸，就没有人卖，所以吸者应治以死罪：

> 请皇上严降谕旨，自今年某月某日起，至明年某月某日止，准给一年限戒烟，倘若一年以后，仍然吸食，是不奉法之乱民，置之重刑无不平允。查旧例，吸食鸦片者仅枷杖，其不指出兴贩者罪止杖一百，徒三年，然皆系活罪。断瘾之苦，甚于枷杖与徒杖，故甘犯明

据估算，当时中国人吸食鸦片者大约要占到全国人口的十分之一。鸦片大行其道的原因是多重而复杂的，《厦门志》上甚至记载，当时有不少富裕的人家为了避免孩子跑到外面赌博或惹是生非，不惜以鸦片为诱饵，而把孩子圈在家里吸食鸦片。图中所绘的是一名年轻男子因烟瘾发作，而持刀威胁自己的母亲和妻子。

> 刑，不肯断绝。若罪以死论，是临刑之惨更苦于断瘾，臣知其情愿绝瘾而死于家，不愿受刑而死于市。惟皇上既慎用刑之意，诚恐立法稍严互相告讦，必至波及无辜。然吸食鸦片是否有瘾无瘾，到官熬审，立刻可辨，如非吸食之人，无大深仇，不能诬枉良善，果系吸食者，究亦无从掩饰。故虽用刑，并无流弊。

这封奏折上了以后，道光令各省的督抚讨论。他们虽不彰明地反对黄爵滋，总觉得他的办法太激烈。他们说吸食者只害自己，贩卖者则害许多别人，所以贩卖之罪重于吸食之罪。广州是鸦片烟的总进口，大贩子都在那里，要禁烟应从广州下手。唯独两湖总督林则徐完全赞成黄爵滋的主张，并建议各种实施办法。道光决定吸食与贩卖都要严加禁止，并派林则徐为钦差大臣，驰赴广州查办禁烟。林文忠公是当时政界声望最好、办事最认真的大员，士大夫尤其信任他，他的自信力也不小。他虽然以前没有办过“夷务”，但他对外国人说：“本大臣家居闽海，于外夷一切伎俩，早皆深悉其详。”

实在当时的人对禁烟问题都带了几分客气。在他们的私函中，他们承认禁烟的困难，但是在他们的奏章中，他们总是逢迎上峰的意旨，唱高调。这种不诚实的行为是中国士大夫阶级的大毛病之一。其实禁烟是个极复杂、极困难的问题。纵使没有外国的干涉，禁烟已极其困难，何况在道光年间英国人绝不愿意我们实行禁烟呢？那时鸦片不但是通商的大利，而且是印度政府财政收入之大宗。英国对于我们独自尊大、闭关自守的态度已不满意，要想和我们算一次账，倘若我们因鸦片问题给予英国任何借口，英国绝不惜以武力对付我们。

那次的战争我们称为鸦片战争，英国人则称为通商战争，两方面都有理由。关于鸦片问题，我方力图禁绝，英方则希望维持原状：我攻彼守。关于通商问题，英方力图获得更大的机会和自由，我方则硬要维持原状：彼攻我守。就世界大势论，那次的战争是不能避免的。

3. 东西对打

林则徐于道光十九年（1839年）正月二十五日行抵广州。经一个星期的考虑和布置，他就动手了。他谕告外国人说："利己不可害人，何得将尔国不食之鸦片烟带来内地，骗人财而害人命乎？"他要外国人做两件事：第一，把已到中国而尚未出卖的鸦片，"尽数缴官"；第二，出具甘结，声明以后不带鸦片来华，如有带来，一经查出，甘愿"货尽没官，人即正法"。外国人不知林则徐的品格，以为他不过是个普通官僚，到任之初，总要出个告示，大讲什么礼义廉耻，实质上还不是在要价？价钱讲好了，买卖就可以照常做了。因此他们就观望，就讲价。殊不知林则徐不是那类人："若鸦片一日未绝，本大臣一日不回，誓与此事相始终，断无中止之理。"到了二月初十，外人尚不肯交烟，林则徐就下命令，断绝广州出海的交通，派兵把十三行围起来，把行里的中国人都撤出，然后禁止一切的出入。换句话说，林则徐把十三行作了外国人的监牢，并且不许人卖粮食给他们。

当时在十三行里约有三百五十个外国人，连英国商业监督义律（Captain Charles Elliot）在内。他们在里面当然要受相当的苦，煮饭、洗碗、打扫都要自己动手。但是粮食还是有的，外人预贮了不少，行商又秘密地接济。义律原想妥协，但是林则徐坚持他的两种要求。是时英国在中国洋面只有两只小兵船，船上的水兵且无法到广州。义律不能抵抗，只好屈服。他屈服的方法很值得我们注意。他不是命令英国商人把烟交给林则徐，他是教英商把烟交给他，并且由他以商业监督的资格给各商收据，一转手之间，英商的鸦片变为大英帝国的鸦片。

义律共交出二万零二百八十箱，共计二百数十万斤，实一网打尽。这是林文忠的胜利，道光帝也高兴极了。他批林的奏折说："卿之忠君爱国皎然于域中化外矣。"外人尚不完全相信林真是要禁烟，他们想林这一次发大财了。林在虎门海滩挑了两个池子，"前设涵洞，后通水沟，先由沟道引水入池，撒盐其中，次投箱中烟土，再抛石灰煮之，烟灰汤沸，颗粒悉尽。其呋之恶，鼻不可嗅。潮退，启放涵洞，随浪入海，然后刷涤池底，不留涓滴。共历二十三日，全数殆尽销毁。逐日皆有文武官员监视"。外人之来观者，详记其事，深赞钦差大臣之坦然无私。

义律当时把缴烟的经过详细报告英国政府以后，静待政府的训令。林文忠的大功告成，似乎可以休手了。并且朝廷调他去做两江总督，可是他不去。他说：已到的鸦片，既已销毁，但是以后还可以来。他要彻底禁绝，方法就是要外商人人出具甘结，以后不做鸦片买卖。这个义律不答应，于是双方又起冲突了。林自觉极有把握，他说，英国的战斗力亦不过如此，英国人"腿足缠束紧密，屈伸皆所不便"。虎门的炮台都重修过，虎门口他又拿很大的铁链封锁起来。他又想外国人必须有茶叶、大黄，他禁止茶叶、大黄出口，就可以致外人的死命。那年秋冬之间，广东水师与英国两只小兵船有好几次的冲突，林报告朝廷，中国大胜，因此全国都是乐观的。

英国政府接到义律的信以后，就派全权代表懿律（Admiral George Elliot）率领海陆军队来华。这时英国的外相是巴麦尊（Lord Palmerston），有名的好大喜功的帝国主义者。他不但索鸦片赔款、军费赔款，并且要求一扫旧日所有的通商限制和邦交的不平等。懿律于道光二十年（1840年）的夏天到广东洋面。倘若英国深知中国的国情，懿律应该在广州与林则徐决胜负，因为林是主战派的领袖。但英国人的策略并不在此，懿律在广东，并不进攻，仅宣布封锁海口。中国人的解释是英国怕林则徐。封锁以后，懿律北上，派兵占领定海。定海并无军备，中国人觉得这是不武之胜。以后义律和懿律就率主力舰队到大沽口。

定海失守的消息传到北京以后，清廷愤懑极了。道光下令调陕、甘、云、贵、湘、川各省的兵到沿海各省，全国脚乱手忙。上面要调兵，下面就请饷。道光帝最怕花钱，于是对林则徐的信任就减少了。七月二十二日他的上谕骂林则徐道："不但终无实际，反生出许多波澜，思之曷胜愤懑，看汝以何词对朕也。"

是时在天津主持交涉者是直隶总督琦善。他下了一番知己知彼的工夫。他派人到英国船上借交涉之名去调查英国军备，觉得英人的船坚炮利远在中国之上。他国的汽船，"无风无潮，顺水逆水，皆能飞渡"。他们的炮位之下，"设有石磨盘，中具机轴，只需移转磨盘，炮即随其所向"。回想中国的设备，他觉得可笑极了。山海关的炮，尚是"前明之物，勉强蒸洗备用"。所谓大海及长江的天险已为外人所据，"任军事者，率皆文臣，笔下虽佳，武备未谙"。所以他决计抚夷。

英国外相致中国宰相书，很使琦善觉得他的抚夷政策是很有希望的。那封书的前半都是批评林则徐的话，说他如何残暴武断，后半提出英国的要求。琦善拿中国人的眼光来判断那封书，觉得它是个状纸。林则徐待英人太苛了，英人不平，所以要大皇帝替他们申冤。他就将计就计，告诉英国人说："上年钦差大臣林等查禁烟土，未能体仰大皇帝大公至正之意，以致受人欺蒙，措置失当。必当逐细查明，重治其罪。惟其事全在广东，此间无凭办理。贵统帅等应即返棹南还，听候钦差大臣驰往广东，秉公查办，定能代申冤抑。"至于赔款一层，中国多少会给一点，使英代表可以有面子回国。至于变更通商制度，他告诉英国人，事情解决以后，英人可照旧通商，用不着变更。懿律和义律原不愿在北方打仗，所以就答应了琦善回到广州去交涉，并表示愿撤退在定海的军队。道光帝高兴极了，觉得琦善以三寸之舌竟能说退英国的海陆军，远胜林则

1841年1月7日上午8时，英军突然向虎门第一重门户——沙角、大角炮台进攻。守将陈连升虽率军坚决抵抗，但因援兵不至，英勇战死，炮台遂陷落。图中所绘为英军进攻炮台时，英舰与清水师战船展开炮战的场景。此役，清守军死伤700余人，帅船、拖船沉毁11艘。1月25日，琦善与义律签订《穿鼻条约》。

徐的孟浪多事。于是下令教内地各省的军队概归原防，“以节糜费”。同时革林则徐的职，教琦善去代替他。

琦善到了广东以后，他发现自己把事情看得太容易了。英国人坚持赔款和割香港或加通商口岸，琦善以为与其割地，不如加开通商口岸，但是怕朝廷不答应，所以只好慢慢讲价，稽延时日，英人不耐烦，遂于十二月初开火了。大角、沙角失守以后，琦善遂和义律订立条约，赔款六百万元，割香港与英国，以后给予英国平等待遇。道光不答应，骂琦善是执迷不悟，革职锁拿，家产查抄入官，同时调大兵赴粤剿办。英国政府也不满意义律，另派代表及军队来华。从这时起，中、英双方皆一意主战，彼此绝不交涉。英国的态度很简单：中国不答应他的要求，他就不停战。道光也是很倔犟：一军败了，再调一军。中国兵士有未出战而先逃者，也有战败而宁死不降不逃者。将帅有战前妄自夸大而临战即后退者，也有鞠躬尽瘁死而后已者，如关天培、裕谦、海龄诸人。军器不如人，自不待说；纪律不如人，精神不如人，亦不可讳言。人民有些甘做汉奸，有些为饥寒所迫，投入英军做苦力。到了道光二十二年（1842年）的夏天，英军快要攻南京的时候，清廷知道没有办法，不能再抵抗，于是接受英国要求，订立《南京条约》。

4. 民族丧失二十年的光阴

鸦片战争失败的根本理由是我们的落伍。我们的军器和军队是中古的军队，我们的政府是中古的政府，我们的人民，连士大夫阶级在内，是中古的人民。我们虽拼命抵抗终归失败，那是自然的，逃不脱的。从民族的历史看，鸦片战争的军事失败还不是民族致命伤。失败以后还不明了失败的理由力图改革，那才是民族的致命伤。倘使同治、光绪年间的改革移到道光、咸丰年间，我们的近代化就要比日本早二十年。远东的近代史就要完全变更面目。可惜道光、咸丰年间的人没有领受军事失败的教训，战后与战前完全一样，麻木不仁，妄自尊大。直到咸丰末年，英、法联军攻进了北京，然后有少数人觉悟了，知道非学西洋不可。所以我们说，中华民族丧失了二十年的宝贵光阴。

为什么道光年间的中国人不在鸦片战争以后就开始维新呢？此中缘故虽极复杂，但是值得我们研究。第一，中国人的守旧性太重。中国文化有了这几千

道光帝，爱新觉罗·旻宁（1782—1850年），清军入关之后的第六位皇帝。他在位期间力行节俭，勤于政务，但清王朝在其统治时期却进一步衰落。鸦片战争败给英国之后，他苟安姑息，得过且过，没有采取任何向西方学习、振兴王朝的措施。

年的历史，根深蒂固，要国人承认有改革的必要，那是不容易的。第二，中国文化是士大夫阶级的生命线。文化的摇动，就是士大夫饭碗的摇动。我们一实行新政，科举出身的先生们就有失业的危险，难怪他们要反对。第三，中国士大夫阶级（知识阶级和官僚阶级）最缺乏独立的、大无畏的精神。无论在哪个时代，总有少数人看事较远较清，但是他们怕清议的指摘，默而不言，林则徐就是个好例子。

林则徐实在有两个，一个是士大夫心目中的林则徐，一个是真正的林则徐。前一个林则徐是主剿的，他是百战百胜的。他所用的方法都是中国的古法。可惜奸臣琦善受了英人的贿赂，把他驱逐了。英人未去林之前，不敢在广东战，既去林之后，当然就开战。所以士大夫想，中国的失败不是因为中国的古法不行，是因为奸臣误国。当时的士大夫得了这样的一种印象，也是很自然的。林的奏章充满了他的自信心，可惜自道光二十年（1840年）夏天定海失守以后，林没有得到机会与英国比武，难怪中国人不服输。

真的林则徐是慢慢地觉悟了的。他到了广东以后，就知道中国军器不如西洋，所以他竭力买外国炮，买外国船，同时他派人翻译外国所办的刊物。他把在广东所搜集的材料，给了魏默深。魏源后来把这些材料编入《海国图志》。这部书提倡以夷制夷，并且以夷器制夷。后来日本的文人把这部书译成日文，促进了日本的维新。林虽有这种觉悟，他怕清议的指摘，不敢公开地提倡。清廷把他谪戍伊犁，他在途中曾致书友人说：

> 彼之大炮远及十里内外，若我炮不能及彼，彼炮先已及我，是器

魏源（1794-1857年），字默深，清代启蒙思想家、政治家、文学家。他和林则徐一起成为近代中国“睁眼看世界”的首批代表，是他提出了“师夷长技以制夷”的主张，这是中国思想从传统转向近代的重要标志。

不良也。彼之放炮如内地之放排枪，连声不断。我放一炮后，须辗转移时，再放一炮，是技不熟也。求其良且熟焉，亦无他深巧耳。不此之务，既远调百万貔貅，恐只供临敌之一哄。况逆船朝南暮北，惟水师始能尾追，岸兵能顷刻移动否？盖内地将弁兵丁虽不乏久历戎行之人，而皆睹面接仗。似此之相距十里八里，彼此不见面而接仗者，未之前闻。徐尝谓剿匪八字要言，器良技熟，胆壮心齐是已。第一要大炮得用，今此一物置之不讲，真令岳、韩束手，奈何奈何！

这是他的私函，道光二十二年（1842年）九月写的。他请他的朋友不要给别人看。换句话说，真的林则徐，他不要别人知道。难怪他后来虽又做陕甘总督和云贵总督，他总不肯公开提倡改革。他让主持清议的士大夫睡在梦中，他让国家日趋衰弱，而不肯牺牲自己的名誉去与时人奋斗。林文忠无疑是中国旧文化最好的产品。他尚以为自己的名誉比国事重要，别人更不必说了。士大夫阶级既不服输，他们当然不主张改革。

主张抚夷的琦善、耆英诸人虽把中外强弱的悬殊看清楚了，而且公开地宣传了，但是士大夫阶级不信他们，而且他们无自信心，对民族亦无信心，只听其自然，不图振作，不图改革。我们不责备他们，因为他们是不足责的。

5. 不平等条约开始

道光二十二年（1842年）八月二十九日在南京所订的《中英条约》，不过是战后新邦交及新通商制度的大纲。次年的《虎门条约》才规定细则。我们知道战后的整个局面应该把两个条约合并起来研究。我们应该注意的有下列几点：第一，赔款二千一百万两；第二，割香港；第三，开放广州、厦门、福州、宁波、上海为通商口岸；第四，海关税则详细载明于条约，非经两国同意不能修改，是即所谓协定关税；第五，英国人在中国只受英国法律和英国法庭的约束，是即所谓治外法权；第六，中、英官吏平等往来。

当时的人对于这些条款最痛心的是五口通商。他们觉得外人在广州一口通商的时候已经不易防范，现在有五口通商，外人可以横行天下，防不胜防。直到前清末年，文人忧国者莫不以五口通商为后来的祸根。五口之中，他们又以福州为最重要，上海则是中、英双方所不重视的。割让土地当然是时人所反对

其实早在《穿鼻条约》签订之后，英国人就已迫不及待地占领了香港，随后清政府曾试图用武力予以收复，道光皇帝还为此下发多道谕旨，但清军始终不能达成目的。这是因为英国人早就认为香港有成为东亚地区优良港口的潜力。在英国占领香港前，香港基本上就是一个荒岛，岛上只有南部和东部有一些小渔村，全岛居民总共约有3000人。此图即是当时画家对香港的描绘。1860年，清政府又割让九龙半岛给英国；1898年，新界亦被英国强行租借。至此，香港地区遂全部归英国人管理。

的，也应该反对的。但是香港在割让以前毫无商业的或国防的重要。英人初提香港的时候，北京还不知道香港在哪里。时人反对割地，不是反对割香港。

协定关税和治外法权是我们近年所认为不平等条约的核心，可是当时的人并不这样看。治外法权，在道光时代的人的眼中，不过是让夷人管夷人。他们想那是最方便、最省事的办法。至于协定关税，他们觉得也是方便省事的办法。每种货物应该纳多少税都明白地载于条约，那就可以省除争执。负责交涉条约的人如伊里布、耆英、黄恩彤诸人，知道战前广东官吏的苛捐杂税是引起战争原因之一，现在把关税明文规定，岂不是一个釜底抽薪、一劳永逸的办法？而且新的税则平均到百分之五，比旧日的自主关税还要略微高一点。负交涉责任者计算以后海关的收入比以前还要多，所以他们扬扬得意，以为是他们的外交成功。其实他们牺牲了国家的主权，贻害不少。总而言之，道光年间的中国人，完全不懂国际公法和国际形势，所以他们争所不当争，放弃所不应当放弃的。

我们与英国订了这种条约，实因为万不得已，如别的国家来要求同样的权利，我们又怎样对付呢？在鸦片战争的时候，国内分两派，剿夷派和抚夷派。前者以林则徐为领袖，后者以琦善为领袖。战争失败以后，抚夷派当然得势了。这一派在朝者是军机大臣穆彰阿，在外的是伊里布和耆英。中、英订了条约以后，美、法两国就派代表来华，要求与中国订约。抚夷派的人当然不愿意与美国、法国又打仗，所以他们自始就决定给美、法的人平等的待遇。他们说，倘若中国不给，美、法的人大可以假冒英人来做买卖，我们也没有法子查出。这样做下去，美、法的人既靠英国人，势必与英国人团结一致，来对付我们，假使中国给美、法通商权利，那美国、法国必将感激中国。我们或者还可联合美、法来对付英国。并且伊里布、耆英诸人以为中国的贸易是有限的，这有限的贸易不让英国独占，让美、法分去一部分，与中国并无妨碍，中国何不做个顺水人情？英国为避免别国的妒忌，早已声明他欢迎别国平等竞争。所以美国、法国竟能和平与中国订约。

不平等条约的根源，一部分由于我们的无知，一部分由于我们的法制未达到近代文明的水准。

6. 剿夷派又抬头

在鸦片战争以前，广州与外人通商已经三百多年，好像广州人应该比较知道外国的情形，比别处的中国人应该更能与外人相安无事。其实不然，五口通商以后，唯独广州人与外人感情最坏，冲突最多。此中原因复杂：第一，英国在广州受了多年的压迫，无法出气，等到他们打胜了，他们觉得他们出气的日子到了，他们不能平心静气地原谅中国人因受了战争的痛苦而对他们自然不满意，自然带几分的仇视；第二，广东地方官商最感觉《南京条约》给他们私人利益的打击。在鸦片战争以前，因为中外通商集中于广州，地方官吏不分大小，都有发大财的机会。《南京条约》以后，他们的意外财源都禁绝了，难怪他们要恨外国人。商人方面也是如此。在战前，江、浙的丝茶都由陆路经江西，过梅岭，而由广州的十三行卖给外国人。据外人的估计，伍家的怡和行在战前有财产八千多万，恐怕是当时世界上最富的资本家。《南京条约》以后，

爱新觉罗·耆英（1787–1858年），字介春，隶满洲正蓝旗，清朝宗室，是中国近代史上首个不平等条约——《南京条约》签订的中方代表之一。1843年，耆英又与英国签订中英《五口通商章程》和《虎门条约》。1844年，他与美国签订了《望厦条约》，与法国签订了《黄埔条约》。1858年，第二次鸦片战争期间，咸丰帝赐其自尽。

江、浙的丝茶，外人直接到江、浙去买，并不经过广州。五口之中，上海日盛一日，而广州则日形衰落。不但富商受其影响，就是劳工直接间接受影响的都不少，难怪民间也恨外国人。

仇外心理的表现之一就是杀外国人，他们到郊外去玩的时候，乡民出其不意，就把他们杀了。耆英知道这种仇杀一定要引起大祸，所以竭力防御，绝不宽容。他严厉地执行国法，杀人者处死，这样一来，士大夫骂他是洋奴。他们说：官民应该一致对外，哪可以压迫国民以顺夷情呢？因此耆英在广东的地位，一天困难一天。

在广东还有外人进广州城的问题。照常识来看，许外国人到广州城里去似乎是无关宏旨的。在外人方面，不到广州城里去似乎也没任何损失。可是这个入城问题竟成了和战问题。在上海，就全无这种纠纷。《南京条约》以后，外人初到上海的时候，他们在上海城内租借民房，后来他们感觉城内街道狭小，卫生情形也不好，于是请求在城外划一段地作为外人居留地区。上海道台也感觉华洋杂处，不便管理，乃划洋泾浜以北的小块地作为外人住宅区。这是上海租界的起源。广州十三行原在城外，鸦片战争以前，外人是不许入城的。广州人简直把城内作为神圣之地，外人倘进去，就好像于尊严有损。外人也是争意鸦片战争之后，英、法、美三国的鸦片商沆瀣一气，借五口通商之便，肆无忌惮地出售鸦片，并积极地向北方沿海城市和中国内地推进。图中所绘是鸦片战争后，广州重要商埠沙面的景象。

有些鸦片商，如英商怡和洋行，为了快速扩充鸦片贸易，专门设计和制造了一种“趸船”，其上装满鸦片，并使之遍布于中国东南沿海各主要港口，犹以香港和上海居多。将这些趸船与往返于中印间的运输快船联合起来，就可以很快组成一支运输鸦片的大船队，英国人将其称为“中国沿海分销系统”。

气：他们以为不许他们入城，就是看不起他们。耆英费尽苦心调停外人与广州人民之间，不料双方愈演愈起劲。道光二十七年（1847年），英人竟兵临城下，要求入城。耆英不得已，许于两年后准外人入城。希望在两年之内，或者中外感情可以改良，入城可以不成问题。但当时人民攻击耆英者多，于是道光调他入京，而升广东巡抚徐广缙为两广总督。道光给徐的上谕，很清楚地表示他的态度：

> 疆寄重在安民，民心不失，则外侮可弭。嗣后遇有民夷交涉事件，不可瞻徇迁就，有失民心。至于变通参酌，是在该署督临时加意权衡体察。总期以诚实结民情，以羁縻办夷务，方为不负委任。

徐广缙升任总督以后，就写信问林则徐驭夷之法。林回答说："民心可用。"道光的上谕和林则徐的回答都是士大夫阶级传统的高调和空谈。仅以民心对外人的炮火当然是自杀。民心固不可失，可是一般人民懂得什么国际关系？主政者应该负责指导舆论。如不指导，或指导不生效，这就是政治家的失败。徐广缙也是怕清议的指责，也是把自己的名誉看得重，国家的事看得轻。当时广东巡抚叶名琛比徐广缙更顽固。他们继承了林则徐的衣钵，他们上台就是剿夷派的抬头。

道光二十九年（1849年），两年后许入城的约到了期。英人根据条约提出要求，广州的士大夫和民众一致反对。徐广缙最初犹豫，后亦无可奈何，只好顺从民意。叶名琛自始即坚决反对履行条约。他们的办法分两层：第一，不与英人交易；第二，组织民众。英人这时不愿为意气之争与中国决裂，所以除声明保存条约权利以外，没有别的举动。徐、叶认为这是他们的大胜利，事后他们报告北京说：

> 计自正月二十七日至三月二十日，居民则以工人，铺户则以伙计，均择其强壮可靠者充补。挨户注册，不得在外雇募。公开筹备经费，制造器械，添设栅栏，共团勇至十万余人。无事则各安工作，有

事则立出捍卫。明处则不见荷戈执戟之人，暗中实皆折冲御侮之士。（朱批：朕初不料卿等有此妙用。）众志成城，坚逾金石，用能内戢土匪，外警猾夷。

为纪念胜利，道光帝赏了徐广缙子爵，世袭双眼花翎；叶名琛男爵，世袭花翎。道光又特降谕旨，嘉勉广州民众：

我粤东百姓素称骁勇。乃近年深明大义，有勇知方，固由化导之神，亦系天性之厚。朕念其翊戴之功，能无恻然有动于中乎！

道光三十年（1850年）年初道光死了，咸丰即位。在咸丰年间，国内有太平天国的内战，对外则剿夷派的势力更大。道光三十年（1850年）五月，有个御史曹履泰上奏说：

查粤东夷务林始之而徐终之，两臣皆为英夷所敬畏。去岁林则徐乞假回籍，今春取道江西养疾使此日英夷顽梗不化，应请旨饬江西抚臣速令林则徐赶紧来京，候陛见后，令其协办夷务，庶几宋朝中国复相司马之意。若精神尚未复原，亦可养疴京中，勿遽回籍。臣知英夷必望风而靡，伎俩悉无可施，可永无宵旰之虑矣。

咸丰也很佩服林则徐，当即下令教林来京。林的运气真好：他病大重，以后不久就死了，他的名誉借此保存了。

7. 剿夷派崩溃

林则徐死了，徐广缙离开广东打太平天国去了。在广东负外交重任的是叶名琛。他十分轻视外人，自然不肯退让。在外人方面，他们感觉已得的权利不够，他们希望加开通商口岸。旧有的五口只包括江、浙、闽、粤四省海岸，现在他们要深入长江，要到华北。其次他们要派公使驻北京。此外他们希望中国地方官吏不拒绝与外国公使领事往来。最后他们要求减轻关税并废除厘金。这些要求除最后一项外，并没有什么严重的性质。但是咸丰年间的中国人反而觉得税收一项倒可通融，至于北京驻使，长江及华北通商及官吏与外人往来各项简直有关国家的生死存亡，绝对不可妥协。

咸丰四年（1854年），英、美两国联合要求修改条约。当时中国没有外交部，所有的外交都由两广总督办。叶名琛的对付方法就是不交涉。外人要求见他，他也不肯接见。英、美两国的代表跑到江苏去找两江总督，他劝他们回广州去找叶名琛。他们后来到天津，地方当局只允奏请皇帝施恩稍为减免各种税收，其余一概拒绝。总而言之，外人简直无门可入。他们知道要修改条约只有战争一条路。

咸丰六年（1856年），叶名琛派兵登香港注册之亚罗船上去搜海盗，这一举动给了英国人开战的口实。不久，法国传教士马神甫在广西西林被杀，叶名琛不好好处理，又得罪了法国。于是英、法联军来和我们算总账。

七年（1857年）冬天，英法联军首先进攻广东。士大夫阶级所依赖的民心竟毫无力量。英、法不但打进广州，而且把总督、巡抚都俘虏了。叶后来被押送印度，死在加尔各答。巡抚柏贵出来做英、法的傀儡维持地方治安。民众不但不抵抗，且帮助英国人把藩台衙门的库银抬上英船。

八年（1858年），英法联军到大沽口。交涉失败，于是进攻。我们迫不得

1857年12月29日上午，广州城墙被联军大炮攻破，下午战斗即终止，联军仅以阵亡15人的代价就宣告了广州的沦陷。随后，联军抢劫了清政府衙门仓库里的物资，并在广州城内大肆放火和抢劫。图中所绘即为联军士兵带着抢来的财物准备返回驻地的场景。

在联军占领广州期间，当地人民亦进行了不屈不挠的斗争。譬如广州附近就有乡民在佛山镇成立团练局，一度集合数万人。此时，很多乡间田地都成了抵抗的战场。

1858年1月5日，联军逐一搜查各个衙门。当搜查到左副都统署时，发现了不肯逃亡的两广总督叶名琛，遂将其擒获，并押至英舰送往印度加尔各答，不久死去。为了恢复广州的秩序，联军成立英法总局。1月9日，柏贵复职广东巡抚，与英法总局共同治理广州，但却没有实权。这也是中国近代史上第一个傀儡政权。图中着袍服者即为柏贵，后面站立者为广州将军穆克德纳。

1858年5月20日，大沽口海面的英法联军照会清政府限其2小时内交出大沽炮台，遭到拒绝，随后联军舰队开炮轰击。中午，大沽炮台失守。26日，联军占领天津。图中所绘为英法舰队进攻大沽炮台的场景。

已订《天津条约》，接受英、法的要求。于是英、法撤退军队。

清廷对于北京驻使及长江通商始终不甘心，总要想法挽回。清廷派桂良和花沙纳到上海，名为交涉海关细则，实则想取消《天津条约》。为达到这个目的，清廷准备付出很大的代价。只要英、法放弃北京驻使，长江开通商口岸，清廷愿意以后全不收海关税。幸而桂良及何桂清反对这个办法，所以《天津条约》未得挽回。清廷另一方面派科尔沁亲王僧格林沁在大沽口布防。僧格林沁是当时著名勇将之一，办事极认真。

九年（1859年），英、法各国代表又到大沽口，预备进京去交换《天津条约》的批准证书。他们事先略闻中国要修改《天津条约》，并在大沽口设防，所以他们北上的时候，随带相当海军。到了大沽口，看见海河已堵塞，他们啧啧不平，责中国失信，并派船拔取防御设备，僧格林沁就令两岸的炮台出其不意同时开炮。英、法的船只竟无法抵抗。陆战队陷于海滩的深泥，亦不能登岸。他们只有宣告失败，等国内增派军队。

1859年6月25日黎明，英国海军司令贺布少将亲率联军舰艇12艘（其中有英国浅水蒸汽炮舰11艘，法国浅水蒸汽炮舰1艘），向海河口开进。他的作战计划是：炮舰冲过河口的防御设施，在炮台的上游处占据有利阵位，进而与留在海面上的舰队一起两面夹攻，然后在炮舰的火力掩护下，海军陆战队从正面登陆，迅速夺取炮台。

可在行动的过程中，联军士兵发现河口两岸的炮台上毫无动静，一位参战的英国士兵曾回忆说：“所有炮台都像怪物似地沉睡在沙岸上，听不到它们的一点声音，也看不到什么旗帜。”下午15时，就在海河口的第一道障碍物被拆毁时，两岸炮台上的大炮突然间一起开火，给予联军舰队重大杀伤，就连贺布本人也身受重伤。随后，联军的数次反击均被清军击退。

此役，是清军取得的一次重大胜利，共击沉敌舰4艘、重创6艘、俘虏2艘，毙伤英军426人、法军14人，俘虏英、美士兵各1人；而清军仅阵亡38人。战后，僧格林沁对这次战役的评论是：“该夷此次之败，率因骄傲欺敌。其意以为炮台营垒垂手可得，水战失利，继之步卒。是该夷不信中国敢于一战。”

此图是当时英国人所绘的此次战役的形势图。

咸丰九年（1859年）的冬季及十年（1860年）的春季，正是清廷与太平天国内战最紧急的时候。苏州被太平军包围，危在旦夕。江、浙的官吏及上海、苏州一带的绅士听见北方又与英、法开战，简直惊慌极了，因为他们正竭力寻求英、法的援助来对付太平军。所以他们对北京再三请求抚夷，说明外人兵力之可畏及长江下游局势之险急。清廷虽不许他们求外人的援助，恐怕示弱于人，但外交政策并不因大沽口的胜利而转强硬。北京此时反愿意承认《天津条约》。关于大沽口的战事，清廷的辩护亦极有理。倘使英、法各国代表的真意旨是在进京换约，何必随带重兵？海河既为中国领河，中国自有设防的权力，而这种防御或者是对太平军，并非对外仇视的表示。海河虽阻塞，外国代表尚可在北塘上岸，由陆路进北京。中国根据以上理论的宣传颇生效力。大沽口之役以后，英、法并不坚持要报复，要雪耻。他们只要求赔偿损失及其他不关重要之条约解释与修改。这种《天津条约》以外的要求遂成为咸丰十年（1860年）英法联军的起因。

十年（1860年），英、法的军队由侧面进攻大沽口炮台，僧格林沁不能支持，连天津都不守了。清廷又派桂良等出面在天津交涉。格外的要求都答应了。但到签字的时候，一则英、法代表要求率卫队进京，二则因为他们以为桂良的全权的证书不合格式，疑他的交涉不过是中国的缓兵之计，所以又决裂了。英、法的军队直向北京推进。清廷改派怡亲王载垣为钦差大臣，在通州交涉。条件又讲好了，但英使的代表巴夏礼在签字之前声明，英使到北京后，必须向中国皇帝面递国书。这是国际间应行的礼节，但那时中国人认为这是外夷的狂悖，其居心叵测，中国绝不能容忍。载垣乃令军队捕拿英、法代表到通州来的交涉人员。这一举激怒外人，军事又起了。

咸丰帝原想“亲统六师，直抵通州，以伸天讨，而张挞伐”。可是通州决裂以后，他就逃避热河，派恭亲王奕䜣留守北京。奕䜣是咸丰的亲弟，这时只二十八岁。他当然毫无新知识。咸丰八年（1858年）天津交涉的时候，他竭力反对长江通商。捕拿外国交涉代表最初也是他提议的，所以他也是属于剿夷派的。但他是个有血性的人，且真心为国图谋。他是清朝后百年宗室中之贤者。在道、咸时代，一般士大夫不明天下大势是可原谅的，但是战败以后而仍旧虚

1860年9月18日，英法联军攻陷通州。9月21日，增格林沁率清军与英法联军在八里桥展开激战，遭到惨败。次日，咸丰帝仓皇逃往热河（今河北承德），恭亲王奕䜣留守北京负责和议。就在英法联军进攻北京时，俄使伊格纳季耶夫向联军提供了北京城的布防情况。10月13日，联军攻入安定门，控制北京城。图中所绘为清军与联军激战与安定门下的场景。

骄，如附和林则徐的剿夷派，或是服输而不图振作，不图改革，如附和耆英的抚夷派，那就不可救药了。恭亲王把握政权以后，天下大势为之一变。他虽缺乏魄力，但有文祥做他的助手。文祥虽是亲贵，但他的品格可说是中国文化的最优代表，他为人十分廉洁，最尽孝道。他可以做督抚，但因为有老母在堂，不愿远行，所以坚辞。他办事负责而认真，且不怕别人的批评。我们如细读《文文忠年谱》，我们觉得他真是一个“先天下之忧而忧，后天下之乐而乐”的大政治家。

奕䜣与文祥在元首逃难，京都将要失守的时候，接受大命。他们最初因无外交经验，不免举棋不定。后来把情势看清楚了，他们就毅然决然承认外人的要求，与英、法订立《北京条约》。条约签订以后，英、法退军，中国并没丧失一寸土地。咸丰八年（1858年）的《天津条约》和十年（1860年）的《北京条约》是三年的战争和交涉的结果。条款虽很多，主要的是北京驻使和长江通商。历史上的意义不外从此中国与西洋的关系更密切了。这种关系固可以为祸，亦可以为福，看我们振作与否。奕䜣与文祥绝不转头回看，留恋那已去不复回的闭关时代。他们大着胆向前进，到国际生活中去找新出路。我们研究近代史的人所痛心的就是这种新精神不能出现于鸦片战争以后，而出现于二十年后的咸末同初。一寸光阴一寸金，个人如此，民族更如此。

1860年10月6日，英法联军绕经北京城东北郊直扑圆明园。当时，从通州败退的僧格林沁残部在城北一带稍事抵抗后即行逃散。随后，联军即不费吹灰之力占领了圆明园。当英国公使额尔金看到之前在通州谈判时被抓走而此时被放回的谈判人员时，他极其愤怒，因为被抓走的39人中已有20人死去，而且他们普遍受到了残酷的虐待。额尔金决定火烧圆明园，因为这些人就被关押在这座皇家园林里。10月18日，额尔金在北京城张贴了告示，他说："任何人，无论贵贱，皆需为其愚蠢的欺诈行为受到惩戒，将以火烧圆明园，作为对清国皇帝食言的惩戒，作为违反休战协定之报复。与此无关人员皆不受此行动影响，惟清政府为其负责。"图中所绘为联军在火烧圆明园之前对其进行大肆劫掠的场景。

1860年11月，英法联军依约从北京撤走。次年1月20日，由奕䜣提议，咸丰帝批准成立总理各国事务衙门，这是专门办理洋务及外交事务的中央机构。其不仅主管外交事务、派出驻外国使节，还兼管通商、海防、关税、路矿、邮电、军工、翻译以及派遣留学生等事务。图中所绘为总理各国事务衙门中的官员，左二为毛昶熙，向右依次为奕䜣、文祥、董恂、沈桂芬和成林。

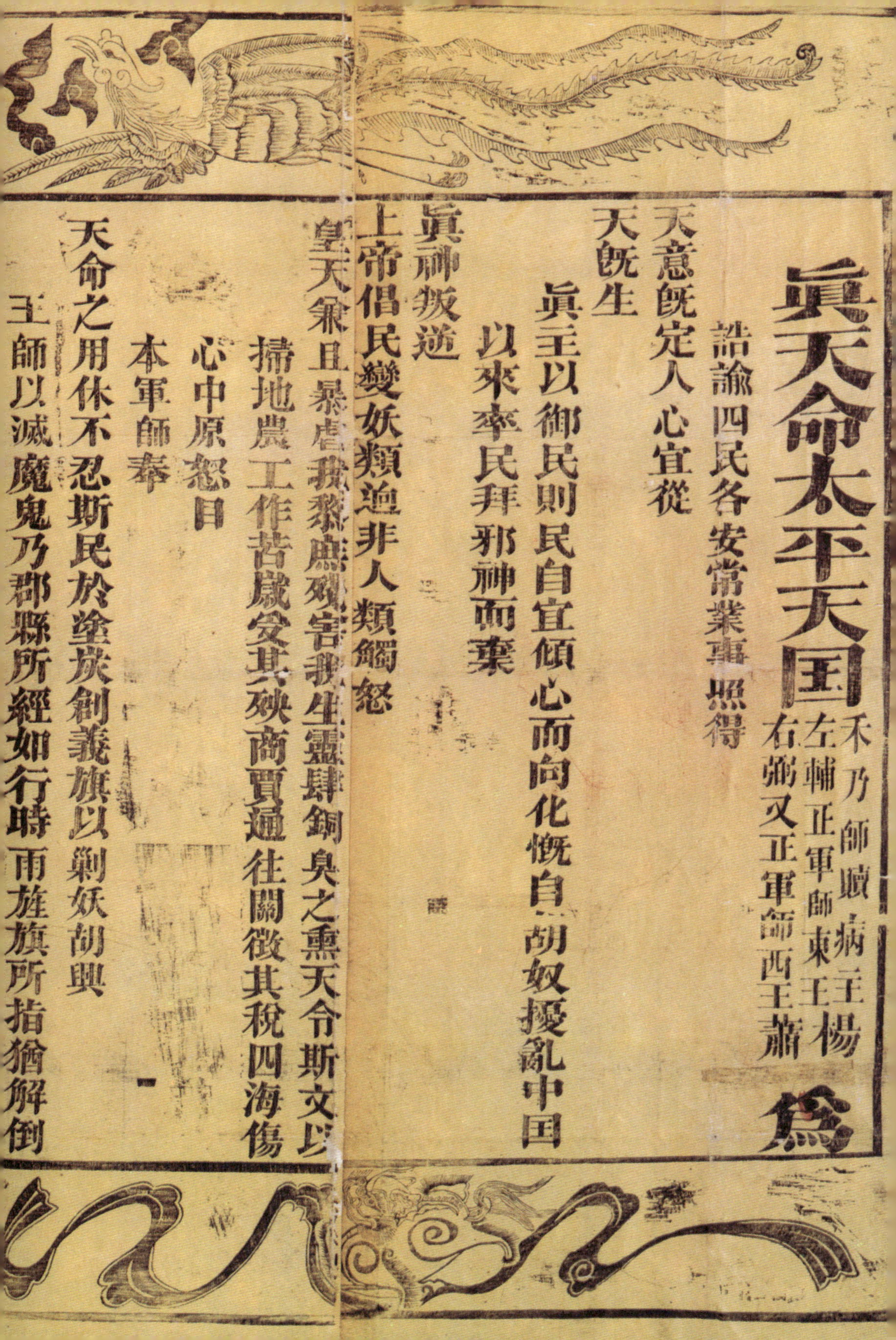

真天命太平天国

禾乃師贖病主左輔正軍師東王楊
右弼又正軍師西王蕭 為

誥諭四民各安常業事照得
天意既定人心宜從
天既生
真主以御民則民自宜傾心而向化慨自胡奴擾亂中国
以來率民拜邪神而棄
真神叛逆
上帝倡民變妖類迥非人類觸怒
皇天兼且暴虐我黎庶殘害我生靈肆銅臭之熏天令斯文以
掃地農工作苦歲受其殃商賈通往關徵其稅四海傷
心中原怒目
本軍師奉
天命之用休不忍斯民於塗炭創義旗以剿妖胡與
王師以滅魔鬼乃郡縣所經如行時雨旌旗所指猶解倒

第二章

洪秀全与曾国藩

1. 旧社会走循环套

第一章已经讨论了道光、咸丰年间自外来的祸患。我们说过那种祸患是不可避免的，因为我们无法阻止西洋科学和机械的势力，使其不到远东来。我们也说过，我们本可以转祸为福，只要我们大胆地接受西洋近代文化，以我们的人力物力，倘若接受了科学机械和民族精神，我们可以与别国并驾齐驱，在国际生活之中，取得极光荣的地位。可是道光时代的人不此之图。鸦片之役虽然败了，他们不承认是败了。主战的剿夷派及主和的抚夷派，在战争之后，正如在战争之前，均未图振作。直到受了第二次战败的教训，然后有人认识时代的不同而思改革。

在没有叙述同治、光绪年间的新建设以前，我们试再进一步地研究道、咸年间中国的内政。在近代史上外交虽然要紧，内政究竟是决定国家强弱的根本要素。譬如第一次世界大战以前，德国的外交失败了，所以战争也失败了。然而因为德国内政健全，战后尚不出二十年，他又恢复他的地位了，这就是自力更生。

不幸到了十九世纪，我们的社会、政治、经济都已到腐烂不堪的田地。据前清政府的估计，中国的人口在康熙四十年（1701年）约有二千万；到了嘉庆五年（1800年）增加到三万万。百年之内竟有十五倍的增加！这种估计虽不可靠，然而中国人口在十八世纪有很大的增加，这是毫无疑问的。十七世纪是个大屠杀的世纪。开初有明朝末年的内乱，后又有明、清的交战及清政府有计划地屠杀汉人，如扬州十日及嘉定屠城。我们也不要忘记张献忠在四川的屠杀。近来中央研究院发表了很多明、清史料，其中有一件是康熙初年四川某县知事的人口年报，那位县老爷说他那县的人口，在大乱之后只有九百余人，而在一年之内，老虎又吃了一大半！康熙、雍正、乾隆三朝是大乱之后的大治，于是

康熙帝，爱新觉罗·玄烨（1654–1722年），是清朝的第四位皇帝，他14岁亲政，在位61年，是中国历史上在位时间最长的皇帝。康熙皇帝奠定了清朝兴盛的根基，开创出康乾盛世的局面，被后世有些学者尊为“千古一帝”。历史学家吕思勉曾评价道：“圣祖（康熙庙号）是个聪明特达的君主。他乐于求学，勤于办事。于天文、地理、律历、算术……学问，多所通晓。又颇能采用西洋的学问……他能励精图治，确是实在的……能俭于用财，也确是真的。所以当三藩平后，国内已无战事，政治亦颇清明，百姓就得以休养生息。”

人口增加。这是中国几千年来的圈套，演来演去，就是圣贤也无法脱逃。

那时的人一方面不知利用科学节制生育；另一方面又不知利用科学增加生产。在大乱之后，大治之初，人口减少，有荒可垦，故人民安居乐业，生活水平略为提高。这是老百姓心目中的黄金时代。后来人口一天多过一天，荒地则一天减少一天，而且新垦的地不是土质不好，就是水源不足，于是每人耕地的面积减少，生活程度降低。老百姓莫名其妙，只好烧香拜佛，嗟叹自己的命运不好。士大夫和政府纵使有救世之心，亦无救世之力，只好听天灾人祸自然演化。等到土匪一起，人民更不能生产，于是小乱变为大乱。

中国历史还有一个循环套。每朝的开国君主及元勋大部分起自民间，自奉极薄，心目中的奢侈标准是很低的，而且比较能体恤民间的疾苦，办事亦比较认真，这是内政昌明吏治澄清的时代。后来慢慢地统治阶级的欲望提高，奢侈标准随之提高，因此官吏的贪污亦大大地长进。并且旧社会里，政界是才子唯一的出路，不像在近代文化社会里，有志之士除做官以外，可以经营工商业，可以行医，可以做新闻记者、大学教授、科学家、发明家、探险家、音乐家、美术家、工程师，且都名利两全，其所得往往还在大官之上。有人说：中国旧

此图名为《弘历雪景行乐图》，图中央坐椅中者即为乾隆帝弘历。他在位期间，清朝达到了“康乾盛世”以来的最高峰，但是其统治后期则奢靡之风大起，吏治有所败坏，多地爆发起义，并且闭关锁国的政策也达到了最高，使清朝统治出现了危机。

日的社会很平等，因为官吏都是科举出身，而且旧日的教育是很不费钱的。这种看法，过于乐观。前清一代的翰林，哪一个在未得志以前，曾经下过苦力？我们可以进一步地问，前清一代的翰林，哪一个的父亲曾下过苦力？林则徐、曾国藩是前清有名的贫苦家庭的子弟，但是细考他们的家世，我们就知道他们的父亲是教书先生，不是劳力者。中国旧日的资本家有几个不是做官起家？中国旧日的大商业哪一种没有官吏做后盾，仗官势发财？总而言之，在中国旧日的社会里，有心事业者集中于政界，专心利禄者也都挤在官场里。结果是每个衙门的人员永在增加之中，而衙门的数目亦天天加多。所以每个朝代到了天下太平已久，人口增加很多，民生痛苦的时候，官吏加多，每个官吏的贪污更加厉害，人民所受的压榨也更加严重。

中国到了嘉庆年间已到了循环套的最低点。嘉庆初年所革除的权臣和珅，据故宫博物院所保存的档案，积有私产到九万万两之多，当时官场的情形可想而知。历嘉庆、道光两朝，中国几无日无内乱。最初有湖北、四川、陕西三省白莲教徒的叛乱，后有西北回教徒之乱，西南苗、瑶之乱，同时东南沿海的海盗亦甚猖獗。这还是明目张胆与国家对抗者，至于潜伏于社会的匪徒几乎遍地皆是。道光十五年（1835年），御史常大淳上奏说："直隶、山东、河南向有教匪，辗转传习惑众敛钱。遇岁歉，白昼伙抢，名曰均粮。近来间或拿办，不断根株。湖南之永州、郴州、桂阳，江西之南安、赣州，与两广接壤，均有会匪结党成群，动成巨案。"

西洋势力侵略起始的时候，正是我们抵抗力量薄弱的时候。到了道光年间，我们的法制有名无实，官吏腐败，民生痛苦万分，道德已部分地失其维系力。我们一面须接受新的文化，一面又须设法振兴旧的政教。中华民族在近代所遇着的难关是双层的。

2. 洪秀全企图建新朝

洪秀全所领导的太平天国运动，就是上一节所讲的那个时代和那种环境的产物。

洪秀全是广东花县人，生于嘉庆十八年，即公元一八一三年。传说他的父亲是个农民，家境穷苦，但他自幼就入村塾读书，到十六岁才辍学，做乡村教师。这样似乎他不是出身于中国社会的最下层，他自己并不是个劳力者。他两次到广州去考秀才，两次都失败了。于是心怀怨恨。这是旧社会常有的事，并不出奇。洪秀全经验的特别是他在广州应试的时候，得到耶稣教传教士的宣传品。后来大病四十多天，病中梦见各种幻象，自说与耶稣教义符合，于是信仰上帝，创立上帝会。最早的同志是冯云山，也是一位因考试失败而心怀不平者，他们因为在广东传教不顺利，所以迁移其活动于广西桂平县。

中国自古以来的民间运动都带点宗教性质，西洋中古的时候也是如此。

可是洪秀全与基督教发生关系，不过是偶然的事。他的拜上帝教也是个不伦不类的东西。他称耶和华为天父，耶稣为天兄，自称天弟。他奉天父天兄之命来救世，他的命令就是天父天兄的命令。崇拜耶和华上帝者，“无灾无难”；不崇拜者，“蛇虎伤人”。他的兵士，如死在战场，就是登仙。孔教、佛教、道教，都是妖术。孔庙及寺观都必须破坏。

洪秀全的上帝会吸收了许多三合会的分子。这个三合会是排满的秘密团体，大概是明末清初时代起始的。洪秀全或者早有了种族革命的思想。无论如何，他收了三合会的会员以后，他的运动以推倒清政府为第一目的。他骂满人为妖人，满人之改变中国衣冠和淫乱中国女子（三千粉黛，皆为羯狗所污；百万红颜，竟与骚狐同寝）是洪秀全的宣传品，斥责的最好的对象。

洪秀全除推行宗教革命及种族革命以外，他有社会革命的思想没有？他提倡男女平权，但他的宫廷充满了妃妾，太平天国的王侯将帅亦皆多蓄妻妾。他的诏书中有田亩制度，其根本思想类似原始共产主义：“有田共耕，有饭同食，有衣同穿，有钱同使。”但是他的均田主义虽有详细的规定，并未实行。是他不愿实行呢，还是感觉实行的困难而不愿试呢？就现在我们所有的史料判断，我们可以说洪秀全对于宗教革命及种族革命是十分积极的，对于社会革命则甚消极。他的党徒除冯云山以外，尚有烧炭的杨秀清，后封东王；耕种山地的萧朝贵，后封西王；曾捐监生与衙门胥吏为伍的韦昌辉，后封北王；及富豪石达开，后称翼王。他的运动当然是个民间运动，反映当时的民间疾苦和迷信，以及潜伏于民间的种族观念。

道光三十年（1850年）夏天，洪秀全在广西金田村起兵。九月，占蒙山县（旧名永安），于是定国号为太平天国，自称天王。清兵进围永安。洪秀全于咸丰二年（1852年）春突围，进攻桂林，未得，改围湖南。他在长沙遇到很坚强的抵抗，乃向湘江下游进攻。他在岳州得到吴三桂留下来的军械，并抢夺了不少的帆船。实力补充了以后，他直逼武汉。他虽打下了汉阳、武昌，却不留兵防守，设官立治。他一直向长江下游进攻，沿途攻破了九江、安庆、芜湖。咸丰三年（1853年）春打进南京，就定都于此，名叫天京。在定都南京以前，洪秀全的行动类似流寇，定都南京以后，他才开始他的建国工作。

1853年3月8日，洪秀全率领50万水陆大军兵临金陵（今南京）城下。3月19日，太平军攻陷金陵城，从而完成了据金陵为根本，进而进军江南的战略任务。3月29日，洪秀全在10万人的簇拥下以及黎民百姓的跪迎欢呼声中，进入金陵城。不久，修缮两江总督衙门，改作天王府。洪秀全在建立太平天国政权后，即颁布了《天朝田亩制度》等一系列纲领性文件。图中所绘为天王府大门。

图中所绘为南京城内驻扎的太平军将士，其中既有手持火铳者，也有拿着弓箭者。可见，太平军是一支夹杂着近代与中古因素的混合军队。

从道光三十年（1850年）到咸丰三年（1853年），可说是太平天国的顺利时期。在这时期内，社会对洪秀全的运动是怎样应付的呢？一般安分守己的国民不分贫富，是守中立的。太平军到了，他们顺从太平军，贡献金钱；官军到了，他们又顺从官军，又贡献金钱。他们是顺民，其实他们是左右为难的。他们对清政府及其官吏绝无好感，因为他们平素所受的痛苦也够了。并且官军的纪律不好，在这段时期内，太平军的纪律还比较好一点。同时老百姓感觉太平军是造乱分子，使他们不能继续过他们的平安日子。太平军到处破坏庙宇，毁灭偶像，迷信的老百姓看不惯，心中不以为然。各地的土匪都趁火打劫，太平军所经过的地方，就是他们容易活动的地方。他们干他们的事，对于官军及太平军无所偏倚。有组织的秘密会社则附和太平军，如湖南的哥老会及上海的小刀会。大多数士大夫阶级，积极反对洪秀全的宗教革命。至于排满一层，士大夫不是不知道汉人的耻辱，但是他们一则因为洪秀全虽为汉人，虽提倡种族革命，然竭力破坏几千年来的汉族文化，满人虽是外族，然自始即拥护汉族文

早期的太平军军纪严明、信仰坚定，战斗力很强，因此才能在和清政府正规军的战斗中屡屡获胜。图中所绘为太平天国将士。

化；二则他们觉得君臣之分既定，不好随便作乱，乱是容易的，拨乱反正则是极难的，所以士大夫阶级，这时对于种族革命并不热心。

太平军的军事何以在这时期内这样顺利呢？主要原因不是太平军本身的优点。论组织训练，太平军很平常；论军器，太平军尚不及官军；论将才，太平军始终没有出过大将。太平军在此时期内所以能得胜，全因为它是一种新兴的势力，富有朝气，能拼命、能牺牲。官军不但暮气很重，简直腐化不成军了。当时的官军有两种，即八旗和绿营。八旗的战斗力，随着满人的汉化、文弱化而丧失了。所以在乾隆、嘉庆年间，清朝用绿营的时候已逐渐加多，用八旗的时候已逐渐减少。到了道光、咸丰年间，绿营已经成了清廷的主力军队，其腐化程度正与一般政界相等。士兵的饷额甚低，又为官长剥削，所以自谋生计，把当兵作为一种副业而已。没有纪律，没有操练，害民有余，打仗则简直谈不到。并且将官之间猜忌甚深，彼此绝不合作。但是绿营在制度上也有一种好处，这种军队虽极端腐化，然是统一的国家的军队，不是个人的私有武力。在道、咸以前，地方大吏没有人敢拥兵自重，与朝廷对抗。私有的武力是太平天国内乱的意外副产品，以后我们要深切地注意它的出世。

3. 曾国藩刷新旧社会

曾国藩是我国旧文化的代表人物，甚至于理想人物。他生在嘉庆十六年（1811年），比洪秀全大两岁。他是湖南湘乡人，家世业农。他虽没有下过苦力，他的教育是从艰难困苦中奋斗出来的。他成翰林的时候，正是鸦片战争将要开始的时候。他的日记虽提及鸦片战争，但似乎不大注意，不了解那次战争的历史意义。他仍埋首于古籍中，是一个实践主义的理学家。无论我们是看他的字，读他的文章，或是研究他的为人办事，我们自然地想起我们乡下那个务正业的小农民。他和小农民一样，一生一世不做苟且的事情。他知道文章学问道德功业都只有汗血才能换得来，正如小农民知道要得一粒一颗的稻麦都非出汗不可。

在咸丰初年，曾国藩官做到侍郎，等于现在的各部次长。他的知己固然承认他的文章道德是特出的，但是他的知己不多，而且少数知己也不知道他有大政治才能，恐怕连他自己也不知道。所以在他的事业起始的时候，他的声望并不高，他也没有政治势力做他的后盾。但是湖南地方上的士大夫阶级承认他的领袖地位。他对洪秀全的态度就是当时一般士大夫的态度，不过比别人更加积极而已。

那时的官兵不但不能打仗，连乡下的土匪都不能对付，所以人民为自卫计，都办团练。这种团练就是民间的武力，是务正业的农民借以抵抗不务正业的游民土匪。这种武力，因为没有官场化，又因为与农民有切身利害关系，保存了我国乡民固有的勇敢和诚实。曾国藩的事业就是利用这种乡勇，而加以组织训练，使它成为一支军队。这就是以后著名的湘军。团练是当时全国皆有的，并不是曾国藩独创的，但是为什么唯独湘军能成大事呢？缘故就在于曾国藩所加的那点组织和训练。

曾国藩治兵的第一个特点是精神教育的注重。他自己十二分相信孔、孟的遗教是中华民族的至宝。洪秀全既然要废孔教，那洪秀全就是他的敌人，也就是全民族的敌人。他的"讨贼檄文"骂洪秀全最激烈的一点就在此：

> 举中国数千年礼义人伦，诗书典则，一旦扫地荡尽，此岂独我大清之变，乃开辟以来，名教之奇变，我孔子、孟子之所痛哭于九泉，凡读书识字者，又焉能袖手坐视，不思一为之所也？

他是孔孟的忠实信徒，他所选的官佐都是他的忠实同志，他是军队的主帅，同时也是兵士的导师。所以湘军是支有主义的军队。其实精神教育是曾国藩终身事业的基础，也是他在中国近代史上地位的特别。他的行政用人都首重主义。他觉得政治的改革必须先有精神的改革。前清末年的官吏，出自曾文正门下者，皆比较正派，足见其感化力之大。

曾国藩不但利用中国的旧礼教作为军队的精神基础，而且利用宗族观念和乡土观念来加强军队的团结力。他选的官佐几乎全是湖南人，而且大半是湘乡人。这些官佐都回本地去招兵，因此兵士都是同族或同里的人。这样他的部下的互助精神特别浓厚。这是湘军的第二特点。

曾国藩（1811–1872年），汉族，字伯涵，号涤生，中国近代史上著名的政治家、战略家、理学家和文学家，湘军的创立者和统帅。曾国藩官至两江总督、直隶总督、武英殿大学士，封一等毅勇侯，与李鸿章、左宗棠、张之洞并称为“晚清四大名臣”。甚至有人推崇他为“千古第一完人”。

曾国藩自幼勤奋好学，6岁入塾读书，8岁即能读四书五经。道光十八年（1838年）中进士，入翰林院，为军机大臣穆彰阿的门生。太平天国运动时，曾国藩组建湘军，经过多年鏖战后攻灭太平天国。曾国藩一生均修身律己、以德求官、礼治为先、以忠谋政，主张凡事要勤俭廉劳，不可为官自傲，并因此在官场上获得了巨大的成功。

在天平天国运动被剿灭后，曾国藩还倡议建造了中国第一艘轮船，建立了第一所兵工学堂，印刷翻译了第一批西方书籍，安排了第一批赴美留学生。从这个意义上说，曾国藩也是中国近代化建设的开拓者。

历史上的精神领袖很少同时也是事业领袖，因为注重精神者往往忽略事业的具体条件。在西洋社会里，这两种领袖资格是完全分开的。管教者不必管事，管事者不必管教。在中国则不然：中国社会几千年来是政教不分，官师合一的。所以在中国，头等领袖必须兼双层资格。曾国藩虽注重为人，并不忽略做事。这是他的特别的第三点。当时绿营之所以不能打仗，缘故虽多，其中之一是待遇太薄。曾氏在起始办团练的时候，就决定每月陆勇发饷四两二钱，水勇发三两六钱，比绿营的饷额加一倍。湘军在待遇上享有特殊权利。湘军作战区域是长江沿岸各省。在此区域内水上的优势很能决定陆上的优势，所以曾国藩自始就注重水师。关于军器，曾氏虽常说打仗在人不在器，然而他对军器的制造，尤其对于大炮的制造，是很费苦心的。他用尽心力去罗致当时的技术人才。他对于兵士的操练也十分认真。他自己常去督察检阅。他不宽纵他的军官，也不要军官宽纵他的部下。

曾国藩的事业如同他的学问，也是从艰难困苦中奋斗出来的。他要救旧社会、旧文化，而那个旧社会、旧文化所产生的官僚反要和他捣乱。他要维持清政府，但清政府反而嫉妒他，排斥他。他在长沙练勇的时候，旧时的官兵恨他的新方法、新标准，几乎把他打死了。他逃到衡州去避乱。他最初的一战是个败仗，他投水自尽，幸而被部下救起来。他练兵打仗，同时他自己去筹饷。以后他成了大事，并不是因为清政府和官僚自动地把政权交给他，是因为他们的失败迫着他们求曾国藩出来任事，迫着他们给他一个做事的机会和权利。

4. 洪秀全失败

洪秀全得了南京以后，我们更能看出他的真实心志不在建设新国家或新社会，而在建设新朝代。他深居宫中，务求享受做皇帝的福，对于政事则不放在心上。宫廷的建筑，宫女的征选，金银的聚敛，官制宫制的规定，这些事情是太平天王所最注意的。他的宗教后来简直变为疯狂的迷信。杨秀清向他报告国事的困难，他回答说：

> 朕奉上帝圣旨、天兄耶稣圣旨，下凡作天下万国独一真主，何惧之有？不用尔奏，政事不用尔理，欲出外住，欲在京住，由于尔。朕铁桶江山，你不扶，有人扶。尔说无兵，朕之天兵多过于水，何惧曾妖（国藩）乎？

快要灭亡的时候，南京绝粮，洪秀全令人民饮露充饥，说露是天食。

这样的领袖不但不能复兴民族，且不能作为部下团结的中心。在咸丰六年（1856年），洪秀全的左右起了很大的内讧。东王杨秀清个人独掌大权，其他各王都须受东王的节制。照太平天国的仪式，天王称万岁，东王称九千岁，西王称八千岁，余递减。别的王都须到东王府请安议事，并须跪呼千岁。在上奏天王的时候，东王立在陛下，其余则跪在陛下。因此杨秀清就为其同辈所愤恨，同时天王也怕他要取而代之。六年（1856年）九月，北王韦昌辉设计诱杀杨秀清和他的亲属党羽。翼王石达开心怀不平，北王又把翼王家属杀了。天王为联络翼王起见，下令杀北王，但翼王以后还是独树一帜，与天王脱离关系。经过此次的内讧，太平天国打倒清政府的希望完全消灭。以后洪秀全尚能抵抗八年，一则因为北方有大股捻匪作他的声援，二则因为他得了两个后起的良将，忠王李秀成和英王陈玉成。

在清政府方面，等到别人都失败了，然后重用曾国藩，任他为两江总督，节制江、浙、皖、赣四省军事。湖北巡抚胡林翼是与他志同道合的，竭力与他合作。他的亲弟曾国荃是个打硬仗的前线指挥。以后曾国藩举荐他的门生李鸿章做江苏巡抚，他的朋友左宗棠做浙江巡抚。长江的中游和下游都是他的势力范围，他于是得通盘筹划。他对于洪秀全采取大包围的战略。同时英、美、法三国也给了曾、左、李三人不少的帮助。同治三年（1864年），湘军在曾国荃领导之下打进南京，洪秀全自杀，太平天国就此亡了。

洪秀全想打倒清政府，恢复汉族的自由，这当然是我们应该佩服的。他想平均地权，虽未实行，也足表现他有相当政治家的眼光。他的运动无疑是起自民间，连他的宗教也是迎合民众心理的。但是他的人格上及才能上的缺点很多而且很大。倘若他成了功，他也不能为中华民族造幸福。总而言之，太平天国的失败，证明中国旧式的民间运动是不能救国救民族的。

曾国藩所领导的士大夫式的运动又能救国救民族吗？他救了清政府，这是毫无疑问的。但是清政府并不能救中国。倘若他客观地诚实地研究清政府在嘉庆、道光、咸丰三代的施政，他应该知道清政府是不可救药的。他未尝不知道此中实情，所以他平定太平天国以后，他的态度反趋于消极了。平心而论，曾

在镇压太平天国运动中，清政府亦借助了外国势力。如1860年6月，美国人华尔在上海官僚和商人的资助下组成“洋枪队”。1862年3月，洋枪队又扩充和改名为“常胜军”。这支军队主要以外国人为军官，雇佣中国人为士兵，配发当时先进的火器，并使用西方先进的训练方法操练部队。图中所绘即为常胜军的外国军官和中国士兵。

1862年5月10日，英法联军舰队从海上进攻由太平军据守的宁波城。

曾国荃（1824—1890年），曾国藩九弟，湘军主要将领之一，因善于挖壕围城故有“曾铁桶”之称。曾国荃生性十分高傲，史书上说他“少年奇气，倜傥不群”。战场上的曾国荃确实悍勇异常，在攻陷安庆后，曾国荃将俘虏的16000名太平军全部砍头，整整砍了一天一夜，从此得外号“剃头匠”；攻陷天京后，他不仅下令屠城，将获得的天国财宝全部运回湖南老家，还让人把洪秀全的尸首挖出，拖到长江边上浇油烧掉，然后将骨灰填进火炮，打到江中……

国藩要救清朝是很自然的，可原谅的。第一，中国的旧礼教既是他的立场，而且士大夫阶级是他的凭依，他不能不忠君。第二，他想清廷经过大患难之后，必能有相当觉悟。事实上同治初年的北京，因为有恭亲王及文祥二人主政，似乎景象一新，颇能有为。所以嘉、道、咸三代虽是多难的时代，同治年间的清朝确有中兴的气象。第三，他怕清政府的灭亡要引起长期的内乱。他是深知中国历史的，中国几千年来，每次换过朝代，总要经过长期的割据和内乱，然后天下得统一和太平。在闭关自守、无外人干涉的时代，内战虽给人民无穷的痛苦，尚不至于亡国。到了十九世纪，有帝国主义者环绕着，长期的内乱就能引起亡国之祸，曾国藩所以要维持清政府，最大的理由在此。

在维持清政府作为政治中心的大前提之下，曾国藩的工作分两方面进行。一方面他要革新，那就是说，他要接受西洋文化的一部分；另一方面他要守旧，那就是说，恢复中国固有的美德。革新守旧同时举行，这是曾国藩对中国近代史的大贡献。我们至今还佩服曾文正公，就是因为他有这种伟大的眼光。徒然恢复中国的旧礼教而不接受西洋文化，我们还不能打破中华民族的大难关，因为我们绝不能拿礼义廉耻来抵抗帝国主义者的机械军器和机械制造。何况旧礼教本身就有它的不健全的地方，不应完全恢复，也不能完全恢复呢？同时徒然接受西洋文化而不恢复中国固有的美德，我们也不能救国救民族，因为腐化的旧社会和旧官僚根本不能举办事业，无论这个事业是新的，或是旧的。

曾国藩的革命事业，我们留在下一章讨论。他的守旧事业，我们在前一节里已经说过。现在我们要指出他的守旧事业的流弊。湘军初起的时候，精神纪律均好，战斗力也强。后来人数多了，事业大了，湘军就退化了。收复南京以后，曾自己就承认湘军暮气很深，所以他遣散了好多。足证中国治军的旧法根本是有毛病的。此外湘军既充满了家族观念和家乡观念，兵士只知道有直接上级长官，不知道有最高统帅，更不知道有国家。某次，曾国荃回家乡去招兵，把原有的部队交曾国藩暂时管带，这些部队就不守规矩。国藩没有法子，只好催国荃赶快回营。所以湘军是私有军队的开始。湘军的精神以后传给李鸿章所部的淮军，而淮军以后又传给袁世凯的北洋军。我们知道民国以来的北洋军阀利用私有的军队割据国家，阻碍统一。追究其祸根，我们不能不归咎于湘军。于此也可看出旧法子的毛病。

第三章

自强及其失败

1. 内外合作以求自强

恭亲王及文祥从英法联军的经验得了三种教训：第一，他们确切地认识到西洋的军器和练兵的方法远在我们之上。咸丰十年（1860年），担任京、津防御者是僧格林沁和胜保。这两人在当时是有名的大将。他们惨败了以后，时人只好承认西洋军队的优胜；第二，恭亲王及文祥发现西洋人不但愿意卖军器给我们，而且愿意把制造军器的秘密及训练军队的方法教给我们，这颇出于时人意料之外。他们认为这是我们自强的机会；第三，恭亲王及文祥发现西洋人并不是他们以前所想象的那样，“狼子野心，不守信义”。英、法的军队虽然占了北京，并且实力充足，能为所欲为，但《北京条约》订了以后，英、法居然依据条约撤退军队，交还首都。时人认为这是了不得的事情，足证西洋人也守信义，所以对付外人并不是全无办法的。

从这三种教训，恭亲王及文祥定了一个新的大政方针：第一，他们决定

恭亲王奕䜣（1833—1898年），道光帝第六子，清末洋务运动的领袖。第二次鸦片战争之后，为了国家的求强求富，奕䜣支持曾国藩、左宗棠、李鸿章等大搞洋务运动，以兴办军事工业为重点，兼办民事工业，中国近代工业从此起步。此外，奕䜣还兴办新式学校，向国外派出留学生，亦一定程度上促进了近代教育事业的发展。因这些改革措施，奕䜣而被保守的清流派所鄙视，称其为“鬼子六”。

以夷器和夷法来对付夷人。换句话说，他们觉得中国应该接受西洋文化之军事部分。他们于是买外国军器，请外国教官。他们说，这是中国的自强之道；第二，他们知道自强不是短期内所能实现的。在自强没有达到预期的程度以前，中国应该谨守条约以免战争。恭亲王及文祥都是有血性的人，下了很大的决心要推行他们的新政。在国家危急的时候，他们胆敢出来与外人周旋，并且专靠外交的运用，他们居然收复了首都。时人认为这是他们的奇功。并且恭亲王是咸丰的亲弟，同治的亲叔。他们的地位是全朝最亲贵的，有了他们的决心和资望，他们在京内成了自强运动的中心。

同时在京外的曾国藩、左宗棠、胡林翼、李鸿章诸人也得着同样的教训，最初使他们注意的是外人所用的轮船，在长江下游私运军火粮食卖给太平军。据说胡林翼在安庆曾有过这样的经验：

> 驰至江滨，忽见二洋船，鼓轮西上，迅如奔马，疾如飘风。文忠

（胡）变色不语，勒马回营，中途呕血，几至堕马。阎丹初尚书向在文忠幕府，每与文忠论及洋务，文忠辄摇手闭目，神色不悦者久之，曰：此非吾辈所能知也。

可见轮船给胡文忠印象之深。曾、左、李大致相同。曾在安庆找了几位明数理的旧学者和铁匠木匠去试造轮船，造成了以后不能行动。左在杭州做了同样的试验，得同样的结果。足证这些人对于西洋机械的注重。

在长江下游作战的时候，太平军和湘军、淮军都竞买洋枪。李鸿章设大本营于上海，与外人往来最多，认识西洋文化亦比较深切，他的部下还有英国军官戈登（Gordon）统带的常胜军。他到了上海不满一年，就写信给曾国藩说：

鸿章尝往英、法提督兵权，见其大炮之精纯，子药之细巧，器械之鲜明，队伍之雄整，实非中国所能及。……深以中国军器远逊外洋为耻，日戒谕将士虚心忍辱，学得西人一二秘法，期有增益。……若驻上海久而不能资取洋人长技，咎悔多矣。

同治三年（1864年），他又写给恭亲王和文祥说：

鸿章窃以为天下事穷则变，变则通。中国士大夫沉浸于章句小楷之积习，武夫悍卒又多粗蠢而不加细心，以致用非所学，学非所用。无事则斥外国之利器为奇技淫巧，以为不必学；有事则惊外国之利器为变怪神奇，以为不能学。不知洋人视火器为身心性命之学者已数百年。一旦豁然贯通，参阴阳而配造化，实有指挥如意，从心所欲之快……前者英、法各国，以日本为外府，肆意诛求。日本君臣发愤为雄，选宗室及大臣子弟之聪秀者，往西国制造厂师习各艺，又购制器之器，在本国制习。现在已能驾驶轮船，造放炸炮。去年英人虚声恫愒，以兵临之。然英人所恃而为攻战之利者，彼已分擅其长，用是凝然不动而英人固无如之何也。夫今之日本即明之倭寇也，距西国远而

这幅照片摄于1872年，照片中的清军士兵正在练习射箭。虽然在剿灭太平天国的过程中，尤其是后期，清军已经开始较大规模地使用洋枪，如李鸿章所率淮军刘铭传部就装备有洋枪4000余支。但整体来看，清军仍然是一支中古的军队，急需改革。

这张照片拍摄于1871年的汕头附近，此时正值旱季，河中水位很低，人们正用这种原始的木制汲水车将水运上来，以灌溉农田。这表明中国的落后绝不仅仅是军事的，而是整个文明或者是社会的落后。

距中国近。我有以自立，则将附丽于我，窥伺西人之短长；我无以自强，则并效尤于彼，分西人之利薮。日本以海外区区小国，尚能及时改辙，知所取法。然则我中国深维穷权而通之故，夫亦可以皇然变计矣……杜挚有言曰：利不百，不变法；功不十，不易器。苏子瞻曰：言之于无事之时，足以为名，而恒苦于不信；言之于有事之时，足以见信，而已苦于无及。鸿章以为中国欲自强则莫如学习外国利器。欲学习外国利器则莫如觅制器之器，师其法而不必尽用其人。欲觅制器之器，与制器之人，则我专设一科取士，士终身悬以为富贵功名之鹄，则业可成，业可精，而才亦可集。

这封信是中国十九世纪最大的政治家最具历史价值的一篇文章，我们应该再三诵读。第一，李鸿章认定中国到了十九世纪唯有学西洋的科学机械然后能生存。第二，李鸿章在同治三年（1864年）已经看清中国与日本，孰强孰弱，要看哪一国变得快。日本明治维新运动的世界的、历史的意义，他一下就看清了，并且大声疾呼要当时的人猛醒与努力。这一点尤足以表现李鸿章的伟大。第三，李鸿章认定改革要从培养人才下手，所以他要改革前清的科举制度。不但此也，他简直要改革士大夫的人生观。他要士大夫放弃章句小楷之积习，而把科学工程悬为终身富贵的鹄的。因为李鸿章认识时代之清楚，所以他成了同治、光绪年间自强运动的中心人物。

在我们这个社会里，做事极不容易。同治年间起始的自强运动，虽未达到目的，然而能有相当的成绩，已经费了九牛二虎之力。倘若当时没有恭亲王及文祥在京内主持，没有曾国藩、李鸿章、左宗棠在京外推动，那么，英法联军及太平天国以后的中国还要麻木不仁，好像鸦片战争以后的中国一样。所以我们要仔细研究这几位时代领袖人物究竟做了些什么事业。

2. 步步向前进

自强的事业颇多，我先择其要者列表于下：

咸丰十一年（1861年）　恭亲王及文祥聘请外国军官训练新军于天津。

同年　恭亲王和文祥设立同文馆于北京。是为中国新学的起始。

同年　恭亲王和文祥托总税司赫德（Robert Hart）购买炮舰，聘请英国海军人员来华创设新水师。

同治二年（1863年）　李鸿章设外国语文学校于上海。

同治四年（1865年）　曾国藩、李鸿章设江南机器制造局于上海，附设译书局。

同治五年（1866年）　左宗棠设造船厂于福州，附设船政学校。

1881年，开平煤矿正式投产，为了将产出的煤炭外运，李鸿章同时奏请修筑一条从唐山到天津北塘的铁路。此举立刻遭到保守派的反对，经过多次的辩论和反复，清政府终于同意修建一条从唐山到胥各庄的仅长9.7公里的铁路。1881年6月9日，唐胥铁路开始铺轨；9月，铁路竣工，开始试运行；11月8日，正式通车。唐胥铁路是中国第一条自建的铁路，结束了中国没有铁路的历史。1888年，唐胥铁路终于展筑至天津，这张照片反映了李鸿章等出席并主持当时通车仪式的情景。

同治九年（1870年） 李鸿章设机器制造局于天津。

同治十一年（1872年） 曾国藩、李鸿章挑选学生赴美国留学。

同年 李鸿章设轮船招商局。

光绪元年（1875年） 李鸿章筹办铁甲兵船。

光绪二年（1876年） 李鸿章派下级军官赴德学陆军，船政学生赴英、法学习造船和驾船。

光绪六年（1880年） 李鸿章设水师学堂于天津，设电报局，请修铁道。

光绪七年（1881年） 李鸿章设开平矿务局。

光绪八年（1882年） 李鸿章筑旅顺军港，创办上海机器制布厂。

光绪十一年（1885年） 李鸿章设天津武备学堂。

光绪十三年（1887年） 李鸿章开办黑龙江漠河金矿。

光绪十四年（1888年） 李鸿章成立北洋海军。

以上全盘建设事业的动机是国防，故军事建设最多。但我们如仔细研究就知道国防的近代化牵连甚多。近代化的军队第一需要近代化的军器，所以有江南及天津两个机械制造厂的设立。那两个厂实际大部分是兵工厂。第二，新式军器必须有技术人才去驾使，所以设武备学堂和派遣军官出洋留学。第三，近代化的军队必须有近代化的交通，所以有造船厂和电报局的设立，及铁路的建筑。第四，新式的国防比旧式的费用要高几倍。以中古的生产来负担近代的国防是绝对不可能的。所以李鸿章要办招商局来经营沿江沿海的运输，创立制布厂来挽回权利，开煤矿金矿来增加收入。自强运动的领袖们并不是事前预料到各种需要而订一个建设计划，他们起初只知道国防近代化的必要。但是他们在这条路上前进一步以后，就发现必须再进一步；再进一步以后，又必须更进一步。其实必须走到尽头然后能生效。近代化的国防不但需要近代化的交通、教育、经济，并且需要近代化的政治和国民，半新半旧是不中用的。换句话说，中国到了近代要图生存非全盘接受西洋文化不可。曾国藩诸人虽向近代化方面走了好几步，但是他们不彻底，仍不能救国救民族。

3. 前进遇着阻碍

曾国藩及其他自强运动的领袖虽走的路线不错，然而他们不能救国救民族。此其故何在？在于他们的不彻底。他们为什么不彻底呢？一部分因为他们自己不要彻底，大部分因为时代不容许他们彻底。我们试先研究领袖们的短处。

恭亲王奕䜣、文祥、曾国藩、李鸿章、左宗棠这五个大领袖都出身于旧社会，受的是旧教育。他们没有一个人能读外国书，除李鸿章以外，没有一个人到过外国。就是李鸿章的出洋尚在甲午战败以后，他的建设事业已经过去了。这种人能毅然决然推行新事业就了不得，他们不能完全了解西洋文化是自然的，很可原谅的。他们对于西洋的机械是十分佩服的，十分努力要接受的。他们对于西洋的科学也相当尊重，并且知道科学是机械的基础。但是他们自己毫无科学机械的常识，此外更不必说了。他们觉得中国的政治制度及立国精神是至善至美，无须学西洋的。事实上他们的建设事业就遭到了旧的制度和旧的精神的阻碍。我们可以拿李鸿章的事业做例子。

李鸿章于同治九年（1870年）起始做直隶总督兼北洋大臣。因为当时要人之中以他最能对付外人，又因为他比较勇于任事，而且他的淮军是全国最近代化最得力的军队。所以从同治九年（1870年）到光绪二十年（1894年）的中日战争，李鸿章是那个时代的中心人物。国防的建设全在他手里。他特别注重海军，因为他看清楚了，如果中国能战胜日本海军，无论日本陆军如何强，不能进攻高丽，更不能危害中国。那么，李鸿章办海军第一个困难是经费。经费所以困难就是因为中国当时的财政制度，如同一般的政治制度，是中古式的。中央政府没有办海军的经费，只好靠各省协济。各省都成见很深，不愿合作。在中央求各省协助的时候，各省务求其少；认定了以后，又不能按期十足拨款，总要延期打折扣。其次，当时皇室用钱漫无限制，而且公私不分。同治死了以后，没有继嗣，于是西太后选了一个小孩子做皇帝，年号光绪，而实权还是在西太后手里。等到光绪快要成年亲政的时候，光绪和他的父亲醇亲王奕譞怕西太后不愿意把政权交出来，醇亲王定计重修颐和园，一则以表示光绪对西太后的孝敬，一则使西太后沉于游乐就不干政了。重修颐和园的经费很大，无法筹备，醇亲王乃请李鸿章设法。李氏不敢得罪醇亲王，更不敢得罪西太后，只好把建筑海军的款子移作重修颐和园之用。所以在甲午之战以前的七年，中国海军没有添订过一只新船。在近代政治制度之下，这种事情是不能发生的。

在李鸿章所主持之机关中并没有新式的文官制度和审计制度。就是在极廉洁极严谨的领袖之下，没有良好的制度，贪污尚且无法杜绝，何况李氏本人就不廉洁呢？在海军办军需的人经手的款项既多，发财的机会就更大。到了甲午战争的时候，我们船上的炮虽比日本的大，但炮弹不够，并且子弹所装的不尽是火药。外商与官吏狼狈为奸，私人发了财，国事就败坏了。

李鸿章自己的科学知识的幼稚也是他的事业失败的缘故之一。北洋海军初成立的时候，他请了英国海军有经验的军官做总教官和副司令。光绪十年（1884年）左右，中国海军纪律很严，操练很勤，技术的进步很快，那时中国的海军是很有希望的。后来李鸿章误听人言，辞退英国海军的军官而聘请德国陆军骑兵的军官来做海军的总教官，以后中国的海军的技术反而退步。并且李

照片显示的是慈禧太后在颐和园与各国公使夫人的合影。慈禧太后是清晚期的实际统治者。她重用洋务派，以“自强”和“求富”为方针，发展了一些军用和民用工业，并训练新式海军和陆军以加强政权实力，对中国的近代化起到了一定的积极作用。

北洋水师正式成立于1888年，清政府每年拨出400万两白银给予海军建设，是清政府建立的四支近代海军中实力最强、规模最大的一支，共有主力军舰25艘、辅助军舰50艘、运输船30艘、官兵4000余人，号称东亚第一舰队。但是在仅仅7年之后的中日甲午之战中即全军覆没。

鸿章所用的海军总司令是个全不知海军的丁汝昌，丁氏原是淮军带马队的，他做海军的领袖当然只能误事，不能成事。甲午战争的时候，中国海军占世界海军的第八位，日本的海军占第十一位。我们的失败不是因为船不如人，炮不如人，为战略战术不如人。

北洋海军的情形如此，其他的自强事业莫不如此。总之，同治、光绪年间的自强运动所以不能救国，不是因为路线错了，是因为领袖人物还不够新，所以不能彻底。

但是倘若当时的领袖人物更新，更要进一步地接受西洋文化，社会能容许他们吗？社会一定要给他们更大的阻碍。他们所行的那种不彻底的改革已遭一般人的反对，若再进一步，反对一定更大。譬如铁路：光绪六年（1880年）李鸿章、刘铭传奏请修建，到了光绪二十年（1894年）还只修建天津附近的一小段。为什么呢？因为一般人相信修铁路就破坏风水。又譬如科学：同治五年（1866年）恭亲王在同文馆添设科学班，请外国科学家做教授，招收翰林院的

同文馆亦称京师同文馆，是清末最早设立的洋务学堂，初设英文馆，后逐渐增设法文、俄文、德文、日文、天文、算学、格物（物理）、化学、医学、机器制造等。照片居中坐者为同文馆总教习丁韪良，他正在教授他的中国学生。丁韪良本是一名美国传教士，在华一共生活了62年，是当时著名的“中国通”。

人员做学生。他的理由是很充足的。他说买外国轮船枪炮不过一时权宜之计，治本的办法在于自己制造。但是要自己制造，非有科学的人才不可。所以他请外国人来教中国青年学生科学。他又说：

> 夫天下之耻，莫耻于不若人……日本蕞尔小国尚知发愤为雄，独中国狃于因循积习，不思振作，耻孰甚焉？今不以不如人为耻，而独以学其人为耻，将安于不如，而终不学，遂可雪其耻乎？

他虽说得名正言顺，但还有人反对。当时北京有位名高望重的大学士倭仁就大声疾呼地反对说：

> 窃闻立国之道，尚礼义不尚权谋；根本之图在人心，不在技艺。今求之一艺之末，而又奉夷人为师。无论夷人诡谲，未必传其精巧，即使教者诚教，所成就者不过术数之士。古今来未闻有恃术数而能起衰振弱者也。天下之大，不患无才。如以天文算学必须讲习，博采旁求必有精其术者。何必夷人？何必师事夷人？

恭亲王愤慨极了。他回答说：

> 该大学士既以此举为窒碍，自必别有良图。如果实有妙策，可以制外国而不为外国所制，臣等自当追随大学士之后，竭其梼昧，悉心商办。如别无良策，仅以忠信为甲胄，礼义为干橹等词，谓可折冲樽俎，足以制敌之命，臣等实未敢信。

倭仁不过是守旧的糊涂虫，但是当时的士大夫居然听了他的话，不去投考同文馆的科学班。

同治、光绪年间的社会，如何反对新人新政，我们从郭嵩焘的命运可以更加看得清楚。郭氏的教育及出身和当时一般士大夫一样，并无特别。但是咸

郭嵩焘（1818-1891年），字筠仙，号云仙、筠轩，别号玉池山农、玉池老人，湖南湘阴城西人，湘军创建者之一，中国首位驻外使节。郭嵩焘在出使途中，将沿途见闻记入日记《使西纪程》，盛赞西方的民主政治制度，主张中国应研究学习。但因为保守派的阻扰，此书直到郭嵩焘去世也没有出版发行。当郭嵩焘辞官回乡时，他家乡的大街上甚至贴着大骂他“勾通洋人”的标语。

丰末年英法联军之役，他跟着僧格林沁在大沽口办交涉，有了那次经验，他根本觉悟，知道中国非彻底改革不可。他的觉悟还比恭亲王诸人的更深刻。据他的研究，我们在汉、唐极盛时代固常与外族平等往来；闭关自守而又独立尊大的哲学是南宋势力衰弱时代的理学先生们提倡出来的，绝不足以为训。同治初年，江西南昌的士大夫群起毁教堂，杀传教士。巡抚沈葆桢（林则徐的女婿）称赞士大夫的正气，郭嵩焘则斥责沈氏顽固。郭氏做广东巡抚的时候，汕头的人，像以前广州人，不许外国人进城。他不顾一切，强迫汕头人遵守条约，许外国人进城。光绪元年（1875年）云贵总督岑毓英因为反对英国人进云南，秘密在云南缅甸边境上把英国使馆的翻译官杀了。郭嵩焘当即上奏弹劾岑毓英。第二年，政府派他出使英、法。中国有公使驻外从他起。他在西欧的时候，努力研究西洋的政治经济社会。他觉得不但西洋的轮船枪炮值得我们学习，就是西洋的政治制度和一般文化都值得学习。他发表了他的日记，送给朋友们看。他常写信给李鸿章，报告日本派到西洋的留学生不限于机械一门，学政治经济的都有。他劝李鸿章扩大留学范围。他的这些超时代的议论，引起了全国士大夫的谩骂。他们说郭嵩焘是个汉奸，“有二心于英国”。湖南的大学者如王闿运之流撰了一副对子骂他：

> 出乎其类，拔乎其萃，不容于尧舜之世。
> 未能事人，焉能事鬼，何必去父母之邦。

王闿运的日记还说："湖南人至耻与为伍。"郭嵩焘出使两年就回国了。回国的时候，没有问题，他是全国最开明的一个人，他对西洋的认识远在李鸿章之上。但是时人反对他，他以后全无机会做事，只好隐居湖南从事著作。他所著的《养知书屋文集》至今尚有披阅的价值。

继郭嵩焘做驻英、法公使的是曾纪泽。他在外国五年多，略识英语。他的才能眼光与郭嵩焘等。因为他运用外交，从俄国收回伊犁，他是国际有名的外交家。他回国的时候抱定志向要推进全民族的近代化。但是他也遭时人的反对，找不着机会做事，不久就气死了。

同、光时代的士大夫阶级的守旧既然如此，民众是否比较开通？其实民众和士大夫阶级是同鼻孔出气的。我们近六十年来的新政都是自上而下，并非由下而上。一切新的事业都是由少数先知先觉者提倡，费尽苦心，慢慢地奋斗出来的。在甲午以前，这少数先知先觉者都是在朝的人。甲午以后，革新的领袖权慢慢地转到在野的人的手里，但是这些在野的领袖都是知识分子，不是民众。严格说来，民众的迷信是我民族近代接受西洋文化的大阻碍之一。

4. 士大夫轻举妄动

在同治、光绪年间，民众的守旧虽在士大夫阶级之上，但是民众是被动的，领导权统治权是在士大夫阶级手里。不幸，那个时代的士大夫阶级，除极少数外，完全不了解当时的世界大势。

同治共在位十三年，从一八六二年到一八七四年。在这个时期内，德意志统一了，意大利统一了，美国的中央政府也把南方的独立运动消灭，恢复而又加强美国的统一了。那个时期是民族主义在西洋大成功的时期。这些国家统一了以后，随着就是国内的大建设和经济的大发展。在同治以前，列强在国外行帝国主义的，仅英、俄、法三国。同治以后，加了美、德、意三国。竞争者多了，竞争就愈厉害。并且在同治以前，英国是世界上唯一的工业化国家，全世界都销售英国的制造品。同治以后，德、美、法也逐渐工业化，资本化了。国际上除了政治势力的竞争以外，又有了新起的热烈的经济竞争。中国在光绪年间处境的困难远在道光、咸丰年间之上。

帝国主义是我们的大敌人。同治、光绪年间如此，现在还是如此。要救国的志士应该人人了解帝国主义的真实性质。帝国主义与资本主义是有关系的。关系可以说有三层：第一，资本主义的国家贪图在外国投资。国内的资本多了，利息就低。譬如，英、美两国资本很多，资本家能得百分之四的利息就算很好了。但是如果英、美的资本家能把资本投在中国或印度或南美洲，年利很容易达到百分之七或更高些。所以英、美资本家竞向未开发的国家投资。但是接受外国来的资本不一定有害，英、美的资本家也不一定有政治野心。美国在十九世纪下半期的建设大部分是利用英国资本举办的。结果英国的资本家固然得了好处，但是美国开辟了富源，其人民所得的好处更多。我们的平汉铁路原是借比利时的资本修建的，后来我们按期还本付息，那条铁路就变为我们的了。比利时资本家得了好处，我们得了更大的好处。所以孙中山先生虽反对帝国主义，但他赞成中国利用外债来建设。但是有些资本家要利用政治的压力去得投资的机会，还有政治野心家要用资本来扩充政治势力。凡是国际投资有政治作用的就是侵略的，帝国主义的。凡是国际投资无政治作用的就是纯洁的，投资者与受资者两方均能受益。所以我们对于外国的资本应采取的态度如同对水一样，有的时候，有的地方，在某种条件之下，我们应该掘井取水，或开河引水；在别的时候、地方和条件之下，我们则必须筑堤防水。

帝国主义与资本主义的第二层关系是商业的推销。资本主义的国家都利用机械制造。工厂规模愈大出品愈多，得利就更厚。困难在市场。各国竞争市场原可以专凭商品之精与价格之廉，不必靠武力的侵略或政治的压力。但在十九世纪末年，国际贸易的自由一天少一天。各国不但提高本国的关税，并且提高属地的关税。这样一来，商业的发展随着政权的发展。争市场等于争属地。被压迫的国家，一旦丧失关税自主，就永无发展工业的可能。虽然，国际贸易大部分还是平等国家间之贸易，不是帝国与属地之间的贸易。英国与美、德、法、日诸国的贸易额，远大于英国与其属地的贸易额。英国的属地最多，尚且如此，别国更不必说了。

帝国主义与资本主义的第三层关系是原料的寻求。世界上没有一国完全不靠外来的原料。最富有原料的国家如英、美、俄尚且如此，别的国家所需的外来原料更多。日本及意大利是最穷的。棉、煤、铁、油四种根本的原料，日、意都缺乏。德国较好，但仍不出棉和石油。那么，一国的工厂虽多，倘若没有原料，就会完全没有办法。所以帝国主义者，因为要找工业的原料，就大肆侵略。虽然，资本主义不一定要行帝国主义而后始能得到原料。同时，出卖原料者不一定就是受压迫者。譬如美国的出口货之中，石油和棉花是大宗。日本、德国、意大利从美国输入石油和棉花，不能，也不必行帝国主义，因为美国不但不禁止石油和棉花的出口，且竭力推销。

总之，资本主义可变为帝国主义，也可以不变为帝国主义。未开发的国家容易受资本主义的国家的压迫和侵略，也可以利用外国的资本来开发自己的富源，及利用国际的通商来提高人民的生活程度。资本主义如同水一样：水可以灌溉，可以便利交通，也可以成灾，要看人怎样对付。

同时我们不要把帝国主义看得过于简单，以为世界上没有资本主义就没有帝国主义了。七百年以前的蒙古人还在游牧时代，无资本也无工业，但是他们对中国的侵略，还在近代资本主义国家之上。三百年以前的满洲人也是如此。在西洋方面，中古的阿拉伯人以武力推行伊斯兰教，大行其宗教的帝国主义。十八世纪末年法国革命家以武力强迫外国接受他们的自由平等，大行其革命的帝国主义。据我们所知，历史上各种政体，君主也好，民主也好，各种社会经济制度，资本主义也好，封建主义也好，都有行帝国主义的可能。

同、光时代的士大夫完全不了解时代的危险及国际关系的运用，他们只知道破坏李鸿章诸人所提倡的自强运动。同时他们又好多事。倘若政府听他们的话，中国几无年无日不与外国打仗。

长江流域有太平天国之乱的时候，北方有捻匪，陕、甘、新疆有回乱。清廷令左宗棠带湘军去收复西北。俄国趁中国回乱的机会就占领了伊犁，这是俄国趁火打劫的惯伎。在十九世纪，俄国占领我们的土地最多。咸丰末年，俄国趁太平天国之乱及英法联军，强占中国黑龙江以北及乌苏里以东的地方，共八十万平方公里。现在俄国的阿穆尔省及滨海省包括海参崴在内，就是那次抢夺过去的。在同治末年，俄国占领新疆西部，清廷提出抗议的时候，俄国又假仁假义地说，他全无领土野心，他只代表我们保守伊犁，等到我们平定回乱的时候，他一定把土地退还给我们。其实俄国预料清廷绝不能平定回乱，清廷势力绝不能再伸到新疆。那么俄国不但可以并吞伊犁，还可以蚕食全新疆。中国一时没有办法，只好把伊犁作为中、俄间的悬案。

左宗棠军事的顺利不但出于俄国意料之外，还出于我们自己的意料之外。他次第把陕西、甘肃收复了。到了光绪元年（1875年），他准备进攻新疆，军费就成了大问题。从道光三十年（1850年）洪秀全起兵到光绪元年（1875年），二十五年之间，中国无时不在内乱内战之中，实已兵疲力尽，何能再经营新疆呢？并且交通不便，新疆民族复杂，面积浩大，成败似乎毫无把握。于是发生大辩论，左宗棠颇好大喜功，他一意主进攻。他说祖宗所遗留的土地，子孙没有放弃的道理。他又说倘若新疆不保，陕、甘就不能保；陕、甘不保，山西就不能保；山西不保，河北就不能保。他的理由似乎充足，言论十分激昂。李鸿章的看法正与左的相反。李说自从乾隆年间占领新疆以后，中国没有得着丝毫的好处，徒费驻防的兵费。这是实在的情形。他又说中国之大祸不在西北，而在东边沿海的各省，因为沿海的省份是中国的精华，而且帝国主义者的压迫在东方的过于在西方的。自从日本维新以后，李鸿章更加焦急。他觉得日本是中国的真敌，因为

当左宗棠依次平当了陕、甘两省的回乱之后，此时的新疆正处于所谓“洪福汗国”的统治之下。其首领名为阿古柏，本是中亚浩罕汗国的一名伯克（突厥语意为“首领”或“管理者”），他趁着中国西北回乱之际入侵新疆，逐渐统一了新疆各部，收编了陕、甘两省的叛军，还得到了英、俄两国的支持。阿古柏在新疆实行重税政策和严格的伊斯兰教法统治，遭到了当地人民的强烈反抗，并称其为“中亚屠夫”。当左宗棠所率清军取得节节胜利的时候，阿古柏于1877年5月29日突然暴毙，不久，新疆叛乱得以平定。照片中即为阿古柏。

左宗棠（1812-1885年），汉族，字季高，号湘上农人，晚清时期的军事家、政治家、著名湘军将领、洋务派首领之一。左宗棠的一生，经历了平定太平天国运动，洋务运动，平叛陕甘回乱和收复新疆等一系列重要的历史事件。左宗棠死后，清政府追赠其为太傅，谥号文襄。

日本一心一意谋我，他无所图，而且相隔既近，动兵比较容易。至于西洋各国，彼此互相牵制，向外发展不限于远东，相隔又远，用兵不能随便。李鸿章因此主张不进攻新疆，而集中全国人力物力于沿海的国防及腹地各省的开发。边省虽然要紧，但是腹地倘有损失，国家大势就去了。反过来说，倘若腹地强盛起来，边省及藩属自然就保存了。左宗棠的言论比较动听，李的比较合理；左是高调，李是低调。士大夫阶级一贯的尚感情，唱高调，当然拥护左宗棠。于是借外债，移用各省的建设费，以供左宗棠进攻新疆之用。

左宗棠的运气真好，因为新疆发生了内讧，并没有遇着坚强的抵抗。光绪二年（1876年）年底，他把全疆克服了。中国乃派崇厚为特使，到俄国去交涉伊犁的退还。崇厚所订的条约虽收复了伊犁城，但城西的土地几全割让与俄国，南疆及北疆之交通险要区亦割让。此外，崇厚还许了很重要的通商权利，如新疆加设俄国领事馆，经甘肃、陕西到汉口的通商路线，及吉林、松花江的航行权。士大夫阶级主张杀崇厚，废约，并备战。这正是青年言论家如张之洞、张佩纶、陈宝琛初露头角的时候。清廷竟为所动。于是脚慌手忙，调兵遣将，等到实际备战的时候，政府就感觉困难了。第一，从伊犁到高丽东北角的图们江止，沿中、俄的交界线处处都要设防。哪里有这多军队呢？首当其冲的左宗棠在新疆的部队，就太疲倦，不愿打仗。第二，俄国远东舰队故作声势，从海参崴开到日本洋面。中国因此又必须于沿海沿长江设防。清廷乃起用彭玉麟督长江水师来对付俄国的海军。彭玉麟想满载桐油木柴到日本洋面去施行火攻。两江总督刘坤一和他开玩笑，说时代非三国，统帅非孔明，火攻之计恐怕不行呢！李鸿章看见书生误国，当然极为愤慨。可是抗战的情绪很高，他不敢公开讲和。他只好使用手段，把英国有名的军官戈登将军请来做军事顾问。戈登是个老实人，好说实话。当太平天国的末年，他曾带所谓常胜军立功不少。所以清廷及一般士大夫颇信任他。他的意见怎样呢？他说，中国如要对俄作战，必须做三件事：一、迁都于西安；二、长期抗战至少十年；三、满人预备放弃政权，因为在长期战争之中，清政府政权一定不能维持。清廷听了戈登的意见以后，乃决心求和。中国近代史的一幕滑稽剧才因此没有开演。

幸而俄国在光绪三、四年（1877–1878年）的时候，正与土耳其打仗，与英国的关系也很紧张，所以不愿多事。又幸而中国当时有青年外交家曾纪泽，以极冷静的头脑和极坚强的意志，去贯彻他的主张。原来崇厚所订的条约并没有奉政府的批准，尚未正式成立，曾纪泽运用外交得法，挽回了大部分的通商权利及土地，但偿价加倍，共九百万卢布。英国驻俄大使称赞曾纪泽说：“凭外交从俄国取回他已占领的土地，曾侯要算第一人。”

中、俄关于伊犁的冲突告一段落的时候，中、法关于越南的冲突又起了。

中国原来自己是个帝国。我们的版图除本部以外，还包括缅甸、暹罗、越南、琉球、高丽、蒙古等。这些地方可以分为两类：蒙古等属于第一类，归理藩部管，中国派有大臣驻扎其地；第二类即高丽、越南等属国，实际中国与他们的关系很浅，他们不过按期朝贡，新王即位须受中国皇帝的册封。此外我们并不派代表常驻其国都，也不干涉他们的内政。在经济方面，我们也十分消极。我们不移民，也不鼓励通商，简直是得不偿失。但是我们的祖先何以费力去得这些属地呢？此中也有缘故。光绪七年（1881年）翰林院学士周德润先生说得清楚：

> 臣闻天子守在四夷，此诚虑远忧深之计。古来敌国外患，伏之甚微，而蓄之甚早。不守四夷而守边境，则已无及矣；不守边境而守腹地，则更无及矣。我朝幅员广辟，龙沙雁海，尽列藩封。以琉球守东南，以高丽守东北，以蒙古守西北，以越南守西南：非所谓山河带砺，与国同休戚者哉？

换句话说，在历史上属国是我们的国防外线，是代我守门户的。在古代，这种言论有相当的道理；到了近代，局势就大不同了。英国在道光年间直攻了

法国对越南的觊觎由来已久，早在1858年第二次鸦片战争时期，法国就已派海陆军队攻入了越南。图中所绘即为1858年时法军舰队攻打越南岘港的场景。岘港位于越南中部，古都顺化附近，被法军攻占后成为法国殖民地，并改名为“沱瀼”。不久之后，越南南部六省均沦为法国殖民地。

广东、福建、浙江、江苏，英、法联军直打进了北京，所谓国防外线简直没有用处。倘使在这种时代我们还要保存外线，我们也应该变更方案。我们应该协助这些弱小国家独立，因为独立的高丽、琉球、越南、缅甸绝不能侵略我们。所怕的不是他们独立，是怕他们做帝国主义者的傀儡。无论如何，外人直攻我们的腹地，我们无暇去顾外线了。协助这些弱小国家去独立是革命的外交。正如苏联革命的初年，外受列强的压迫，内有反革命的抗战，列宁（Lenin）于是毅然决然放弃帝俄的属国。

法国进攻越南的时候，士大夫阶级大半主张以武力援助越南，张佩纶、陈宝琛、张之洞诸人特别激昂。李鸿章则反对，他的理由又是要集中力量火速筹备腹地的国防事业。清廷一方面怕清议的批评，一方面又怕援助越南引起中、法战争，所以举棋不定。起初是暗中接济越南军费和军器，后来果然引起中、法战争。那个时候官吏不分文武，文人尤好谈兵。北京乃派主战派的激烈分子张佩纶去守福州船厂，陈宝琛去帮办两江的防务。用不着说，纸上谈兵的先生们是不济事的。法国海军进攻船厂的时候，张佩纶逃得顶快了。陈宝琛在两江不但无补实际，连议论也不发了。打了不久就讲和，和议刚成又打，再后还是接受法国的条件。越南没有保存，我们的国防力量反大受了损失。左宗棠苦心创办的福州船厂就在此时被法国毁了。

劉提督鎮守北寗圖
光緒甲申之春仲月梅州隱士寫
刘大公子押隊
亞非利加兵隊
亞非利加大兵頭
劉

中法战争主要分为两个阶段进行，第一个阶段的战场主要在越南北部。此图名为“刘提督镇守北宁图”，描绘的是黑旗军将领刘永福率军与法军在北宁大战的场景。此役，越南北部的北宁、太原皆失守，导致恭亲王奕䜣领班的军机处被全面撤换，史称“甲申易枢”。随后，1884年5月11日，李鸿章与法国代表福禄诺在天津签订了《中法会议简明条约》，主要内容即为承认法国对越南的保护权。

中法战争的第二阶段则扩大到中国东南沿海一带。1884年8月5日，法国远东舰队在司令孤拔的带领下炮轰中国台湾北部的基隆港，并强行登陆，但被清军击退。8月23日，法军又对福建马尾军港发动突袭，仅用一个多小时就将港内的清军舰船全部击沉，还摧毁了马尾造船厂。图中所绘即为法国远东舰队强行登陆基隆港的场景。

5. 中日初次决战

李鸿章在日本明治维新的初年就看清楚了日本是中国的劲敌。他并且知道中、日的胜负要看哪一国的新军备进步得快。他特别注重海军，因为日本必须先在海上得胜，然后才能进攻大陆。所以他反对左宗棠以武力收复新疆，反对为伊犁问题与俄国开战，反对为越南问题与法国打仗。他要把这些战费都省下来作为扩充海军之用。他的眼光远在一般人之上。

李鸿章既注重中、日关系，不能不特别注意高丽。在国防上高丽的地位极其重要，因为高丽可以做敌人陆军侵略中国东北的根据地，也可以做敌人海军侵略中国山东、河北的根据地。反过来看，高丽在日本的国防上的地位也很要紧。高丽在我们手里，日本尚感不安，一旦被俄国或英国所占，那时日本所感的威胁就更大了。所以高丽也是日本必争之地。

在光绪初年，高丽的国王李熙年幼，他的父亲大院君李昰应摄政。大院君

1853年，美国海军准将佩里率领4艘战舰，闯入江户湾（今东京湾），迫使日本开放了国门，史称“黑船事件”（当时美国战舰的船体为黑色，又不断喷出漆黑的浓烟，所以被岸上那些震惊的日本人称作“黑船”）。图中所绘正是日本人初次登上美国军舰时的场景。

是个十分守旧的人，他屡次杀传教士，坚决不与外人通商。在明治维新以前，日、韩关系在日本方面，由幕府主持，由对马岛之诸侯执行。维新以后，大权归日皇，所以日、韩的交涉也改由日本中央政府主持。大院君厌恶日本的维新，因而拒绝与新的日本往来。日本国内的旧诸侯武士们提倡“征韩”。这种征韩运动，除了高丽不与日本往来外，还有三个动机：一、日本不向海外发展不能图强；二、日本不先下手，西洋各国，尤其是俄国，恐怕要下手；三、征韩能为一般不得志的武士谋出路。光绪元年（1875年，日本明治八年）发生高丽炮击日本船的案子，所谓江华岛事件，主张征韩者更有所借口。

当时日本的政治领袖如岩仓、大久保、伊藤、井上诸人原反对征韩。他们以为维新事业未发展到相当程度以前，不应轻举妄动地贪图向外发展。但是在江华岛事件发生以后，他们觉得无法压制舆论，不能不有所主动。于是他们一面派黑田清隆及井上率舰队到高丽去交涉通商友好条约，一面派森有礼来北京试探中国的态度并避免中国的阻抗。

森有礼与我们的外交当局大起辩论。我们始终坚持高丽是我们的属国：如日本侵略高丽，那就是对中国不友谊，中国不能坐视。森有礼则说中国在朝鲜的宗主权是有名无实的，因为中国在高丽不负任何责任就没有权利。

黑田与井上在高丽的交涉成功，他们所订的条约承认高丽是独立自主的国家，这就是否认中国的宗主权，中国应该抗议，而且设法纠正。但是日本和

日本明治天皇，为日本第122代天皇，讳睦仁。庆应三年（1867年），16岁的睦仁继位为天皇；同年12月9日，实行“王政复古”。庆应四年（1868年）1月，倒幕派发动政变，迫使幕府末代将军德川庆喜把政权交还给睦仁。随后，拥护睦仁的倒幕军在京都附近打败了幕府军队。9月8日，睦仁改年号为明治，并颁布一系列维新举措，实行明治维新。明治天皇共在位45年，明治维新之后，日本实现了社会、经济、军事等诸多方面的发展，建立了亚洲第一个资本主义国家并走上了称霸的道路。可以说，明治天皇以及他领导的明治维新运动是日本近代得以兴盛和崛起的标志。

高丽虽都把条文送给中国，北京没有向日本提出抗议，也没有责备高丽不守本分。中国实为传统观念所误。照中国传统观念，只要高丽承认中国为宗主，那就够了。第三国的承认与否是无关宏旨的。在光绪初年，中国在高丽的威信甚高，所以政府很放心，就不注意日、韩条约了。

高丽与日本订约的问题过了以后，中、日就发生琉球的冲突。琉球自明朝洪武五年（1372年）起隶属于中国。历五百余年，琉球按期进贡，从未中断。但在明万历三十年（1602年），琉球又向日本萨末诸侯称藩，成了两属，好像一个女子许嫁两个男人。幸而这两个男人从未遇面，所以这种奇怪现象竟安静无事地存在了二百七十多年。自日本维新，力行废藩以后，琉球在日本看来，既然是萨末的藩属，也在应废之列。日本初则阻止琉球入贡中国，终则改琉球为日本一县。中国当然反对，也有人主张强硬对付日本，但日本实在时候选得好，因为这正是中、俄争伊犁的时候。中国无法，只好把琉球作为一个悬案。

可是琉球问题暴露了日本的野心。士大夫平素看不起日本的，到这时也知

1879年，日本正式将琉球置为冲绳县，并将琉球王室强行迁至东京。同年，美国时任总统格兰特到访中国，在李鸿章的要求下，格兰特总统答应对中日间琉球问题进行调停，但最后却因种种原因而成一桩悬案。照片中即为李鸿章与格兰特总统会晤时的场景。

道应该戒备了。日本既能灭琉球，就能灭高丽。琉球或可不争，高丽则势在必争。所以他们专意筹划如何保存高丽。光绪五六年（1879–1880年）的时候，中国可以说初次有个高丽政策。李鸿章认定日本对高丽有领土野心，西洋各国对高丽则只图通商和传教。在这种形势之下，英、美、法各国在高丽的权利愈多，他们就愈要反对日本的侵略。光绪五年（1879年），李鸿章写给高丽要人李裕元的信说得很清楚：

为今之计，似宜用以毒攻毒、以敌制敌之策，乘机次第与泰西各国立约，藉以牵制日本。彼日本恃其诈力，以鲸吞蚕食为谋，废灭琉球一事显露端倪。贵国不可无以备之。然日本之所畏服者泰西也。以朝鲜之力制日本或虞其不足，以统与泰西通商制日本则绰乎有余。

经过三年的劝勉与运动，高丽才接受这种新政。光绪八年（1882年）春，由中国介绍，高丽与英、美、德、法订通商条约。

高丽不幸忽于此时发生内乱。国王的父亲大院君李昰应一面反对新政，一面忌王后闵氏家族当权。他于光绪八年（1882年）六月忽然鼓动兵变，围攻日本使馆，诛戮闵氏要人。李鸿章的谋士薛福成建议中国火速派兵进高丽，平定内乱，一则以表示中国的宗主权，一则以防日本。中国派吴长庆率所部淮军直入高丽京城。吴长庆的部下有两位青年，张謇和袁世凯。他们胆子很大，高丽的兵也没有抵抗的能力。于是他们把大院君首先执送天津，然后派兵占领汉城（今首尔）险要，几点钟的工夫，就把李昰应的军队打散了。吴长庆这时实际做高丽的主人翁了。后高丽许给日本赔款，并许日本使馆保留卫队。这样，中、日两国都有军队在高丽京都，形成对峙之势。

光绪八年（1882年）夏初之季，中国在汉城的胜利，使得许多人轻敌。张謇主张索性灭高丽，张佩纶和邓承修主张李鸿章在烟台设大本营，调集海陆军队预备向日本宣战。张佩纶说：

日本自改法以來，民恶其上，始则欲复封建，继则欲改民政。

日本的明治维新比之中国的洋务运动更为广泛和深刻，而且效率更高，行动更快。比如，在社会文化方面，日本提倡学习西方社会文化及习惯，并大量翻译西方著作；统一货币，设立日本银行为国家中央银行；取消工商业方面的行会垄断组织，以推动工商业的发展；教育方面，设立文部省，发展近代资产阶级性质的义务教育，并大量选派留学生到英、美、法、德等西方国家留学；交通方面，大量兴建新式公路和铁路，1872年，其第一条铁路——东京至横滨间的铁路即通车。此图为当时日本人对这条铁路的描绘。

在军事方面，日本建立新式军队，陆军参考德国，而海军则参照英国。1872年，日本政府颁布征兵令，规定20岁以上的成年男子必须服兵役，至1873年时，日本全国战时即可动员40万以上的兵力。图中所绘为日本新式海、陆军正在进行海陆联合军事演习的场景。

萨、长二党争权相倾，国债山积，以纸为币。虽兵制步伍泰西，略得形似，然外无战将，内无谋臣。问其师船则以扶桑一舰为冠，固已铁蚀木窳，不耐风涛，余皆小炮小舟而已，去中国铁船定远、超勇、扬威远甚。问其兵数，则陆军四五万人，水军三四千人，犹且官多缺员，兵多缺额。近始杂募游惰，用充行伍，未经战阵，大半恇怯，又去中国淮、湘各军远甚。

邓承修也是这样说：

扶桑片土，不过内地两行省耳，总核内府现银不满五百万两。窘迫如此，何以为国？水师不满八千，船舰半皆朽败，陆军内分六镇，统计水陆不盈四万，而又举非精锐。然彼之敢于悍然不顾者，非不知中国之大也，非不知中国之富且强也，所恃者中国之畏事耳，中国之重发难端耳。

这两位自命为“日本通”者，未免看事太易。李鸿章看得比较清楚，他说：

彼自变法以来，一意媚事西人，无非欲窃其绪余，以为自雄之术。今年遣参议伊藤博文赴欧洲考察民政，复遣有栖川亲王赴俄，又分遣使聘意大利，驻奥匈帝国，冠盖联翩，相望于道，其注意在树交植党。西人亦乐其倾心亲附，每遇中、日交涉事件，往往意存袒护。该国洋债既多，设有危急，西人为自保财利起见，或且隐助而护持之。

夫未有谋人之具，而先露谋人之形者，兵家所忌。日本步趋西法，虽仅得形似，而所有船炮略足与我相敌。若必跨海数千里与角胜负，制其死命，臣未敢谓确有把握。

第东征之事不必有，东征之志不可无。中国添练水师，实不容一日稍缓。昔年户部指拨南北洋海防经费，每岁共四百万两。无如指拨之财，非尽有著之款。统计各省关所解南北洋海防经费，约仅及原拨四分之一。可否请旨敕下户部总理衙门，将南北洋每年所收防费核明实数，务足原拨四百万两之数。如此则五年之后，南北洋水师两枝当可有成。

这次大辩论终了之后，越南问题又起来了。张佩纶、邓承修诸人忽然忘记了日本，大事运动与法国开战。中、法战事一起，日本的机会就到了。这时高丽的党政军正成对垒之阵。一面有开化党，其领袖即洪英植、金玉均、朴泳孝诸人，其后盾即日本公使竹添进一郎。这一派是亲日的，想借日本之势力以图独立的。对面有事上党，领袖即金允植、闵泳翊、尹泰骏诸人，后盾是袁世凯。这一派是联华的，想托庇于中国的保护之下，以免日本及其他各国的压迫。汉城的军队有中国的驻防军和袁世凯代练的高丽军在一面，对面有日本使馆的卫队及日本军官所练的高丽军。在中、法战争未起以前，开化党不能抬头，既起以后，竹添就大活动起来，说中国自顾不暇，哪能顾高丽？于是洪英植诸人乃决计大举。

光绪十年（1884年）十月十七夜，洪英植设宴请外交团及高丽要人。各国代表都到，唯独竹添称病不至。后忽报火警，在座的人就慌乱了。闵泳翊出门被预埋伏兵士所杀。洪英植跑进王宫，宣称中国兵变，强迫国王移居，并召竹添带日兵进宫保卫。竹添这时不但无病，且亲率队伍入宫。国王到了开化党手里以后，下诏召事上党领袖，他们一进宫就被杀了。于是宣布独立，派开化党的人组阁。

十月十九日，袁世凯带他所练的高丽兵及中国驻防汉城的军队进宫。中、日两方就在高丽王宫里开战了。竹添见不能抵抗，于是撤退，王宫及国王又都到袁世凯手里。洪英植、朴泳孝被乱兵所杀，金玉均随着竹添逃到仁川，后投日本。政权全归事上党及袁世凯，开化党完全被打散了。袁世凯这时候尚不满三十，忽当大事，因电报不通无法请示，只好便宜行事。他敢大胆地负起责任，制止对方的阴谋。难怪李鸿章从此看重他，派他做驻高丽的总代表。

竹添是个浪人外交家。他如果没有违反日本政府的意旨，至少他超过了他政府所定的范围。事变以后，日本政府以和平交涉对高丽，亦以和平交涉对中国。光绪十一年（1885年）春，伊藤与李鸿章订《天津协定》，双方皆撤退驻高丽的军队，但高丽以后如有内乱，中、日皆得调兵进高丽。

光绪十一年（1885年），正是英、俄两国因为阿富汗的问题几至开战。他们的冲突波及远东。英国为预防俄国海军从海参崴南下，忽然占领高丽南边之巨磨岛，俄国遂谋占领高丽东北的永兴湾。高丽人见日本不可靠，有与俄国暗通，求俄国保护者。在这种形势之下，英国感觉危险，日本更怕英、俄在高丽得势，于是日本、英国都怂恿中国在高丽行积极政策。英国觉得高丽在中国手里与英国全无损害，倘到俄国手里，则不利于英国甚大。日本亦觉得高丽在中国手里，他将来还有法子夺取，一旦到了俄国手里，简直是日本的致命之伤。所以这种形势极有利于中国，李鸿章与袁世凯遂大行其积极政策。

从光绪十一年（1885年）到二十年（1894年），中国对高丽的政策完全是李鸿章和袁世凯的政策。他们第一紧紧把握高丽的财政。高丽想借外债他们竭力阻止。高丽财政绝无办法的时候，他们令招商局出面借款给高丽。高丽的海关，是由中国海关派员代为管理，简直可说是中国海关的支部。高丽的电报局是中国电报局的技术人员用中国的材料代为设立，代为管理的。高丽派公使到外国去，须先得中国的同意，到了外国以后，高丽的公使必须遵守三个条件：

> 一、韩使初至各国，应先赴中国使馆具报，请由中国钦差挈同赴外部，以后即不拘定。二、遇有朝会公宴酬酢交际，韩使应随中国钦差之后。三、交涉大事关系紧要者，韩使应先密商中国钦差核示。

这种政策虽提高了中国在高丽的地位，但与光绪五年（1879年）李鸿章最初所定的高丽政策绝对相反。最初李要高丽多与西洋各国往来，想借西洋的通商和传教的权利来抵制日本的领土野心。此时李、袁所行的政策是中国独占高丽。到了光绪十八九年（1892–1893年），日本感觉中国在高丽的权利膨胀过甚，又想与中国对抗。中国既独占高丽的权利，到了危急的时候，当然只有中国独当其冲。

甲午战争直接的起因又是高丽的内乱。光绪二十年（甲午，1894年），高丽南部有所谓东学党聚众数千作乱，中、日两国同时出兵，中国助平内乱，日本借口保卫侨民及使馆。但东学党造乱的地方距汉城尚远，该地并无日本侨民，且日本派兵甚多，远超保侨所需之数。李鸿章知道日本另有野心，所以竭力先平东学党之乱，使日本无所借口。但是内乱平定之后，日本仍不撤兵。日本声言高丽内乱之根在内政之不修明，要求中、日两国共同强迫高丽改革内政。李不答应，因为这就是中、日共管高丽。

这时日本舆论十分激烈，一意主战。中国舆论也激烈，要求李鸿章火速出兵，先发制人。士大夫觉得高丽绝不可失，因为失高丽就无法保东北。他们以为日本国力甚小："倭不度德量力，敢与上国抗衡，实以螳臂当车，以中国临之，直如摧枯拉朽。"李鸿章则觉得一调大兵，则双方势成骑虎，终致欲罢不能。但他对于外交又不让步。他这种军事消极、外交积极的办法，是很奇怪的。他有他的理由。俄国公使喀西尼（Cassini）答应了他，俄国必劝日本撤兵，如日本不听，俄国必用压服的方法。李觉得既有俄国的援助，不必对日本让步。殊不知喀西尼虽愿意给中国援助，俄国政府却不愿意。原来和战的大问题，不是一个公使所能负责决定的。等到李鸿章发现喀西尼的话不能兑现，中、日外交路线已经断了，战争已经起始了。

中、日两国同于七月初一宣战，八月十八（阳历九月十七）两国海军在高丽西北鸭绿江口相遇。那一次的海军战争是中华民族在这次全面抗战以前最要紧的一个战争。如胜了，高丽可保，东北不致发生问题，而在远东，中国要居上日本居下了。所以甲午八月十八日的海军之战是个划时代的战争，值得我们研究。那时我国的海军力比日军海军大。我们的占世界海军第八位，日本占第十一位。我们的两个主力舰定远和镇远各七千吨，日本顶大的战舰不过四千吨。但日本的海军也有优点，日本的船比我们快，船上的炮比我们多，而且放得快。我们的船太参差不齐，日本的配合比较合用。所以从物质上说来，两国海军实相差不远。那一次我们失败的缘故很多：第一，战略不如人。我方原定舰队排"人"字阵势，由定远、镇远两铁甲船居先，称战斗之主力。海军提督丁汝昌以定远为坐舰，舰长是刘步蟾。丁本是骑兵的军官，不懂海军。他为人忠厚，颇有气节，李鸿章靠他不过作精神上的领导而已。刘步蟾是英国海军学

1894年7月25日，日本不宣而战，在朝鲜西岸的丰岛海面袭击了增援朝鲜的清军舰船“济远”和“广乙”。海战中，日本联合舰队第一游击队的“浪速”号击沉了清军借来运兵的英国商轮“高升”号，船上近千名官兵遇难。随后，中日间正式宣战。此图所绘即为“浪速”号击沉“高升”号的场景。

正式开战后，陆上最大的战役是平壤战役。此役，驻守平壤的清军共1.5万余人，而进攻方的日军则有1.6万余人，经过激战后，以清军大败而告终。随后，清军狂奔500多里，一路逃至鸭绿江边。日军则迅速占领朝鲜全境。照片中为在平壤之战中被俘的清军士兵。

校毕业的学生，学科的成绩确是上等的，而且颇识莎士比亚的戏剧，颇有所谓儒将的风度。丁自认不如刘，所以实际是刘做总指挥。等到两军相望的时候，刘忽下令把“人”字阵完全倒置，定远、镇远两铁甲船居后，两翼的弱小船只反居先。刘实胆怯，倒置的缘故想图自全。这样一来阵线乱了，小船的人员都心慌了，而且日本得以乘机先攻我们的弱点了。

其次，我们的战术也不及人。当时在定远船上的总炮手英人泰乐尔（Tyler）看见刘步蟾变更阵势，知道形势不好。他先吩咐炮手不要太远就放炮，不要乱放炮，因为船上炮弹不多，必命中而后放。吩咐好了以后，他上望台，站在丁提督旁边，预备帮丁提督指挥。但丁不懂英文，泰乐尔不懂中文，两人只好比手势交谈。不久炮手即开火，而第一炮就误中自己的望台，丁受重伤，全战不再指挥，泰乐尔亦受轻伤。日本炮弹的准确远在我们的之上。结果，我海军损失过重，不敢再在海上与日人交锋。日人把握海权，陆军输送得行动自由，我方必须绕道山海关。其实海军失败以后，大势就去了。陆军之败更甚于海军。

次年三月，李鸿章与伊藤订《马关和约》。中国承认高丽独立，割台湾及辽东半岛，赔款二万万两。近代的战争固不是儿戏。不战而求和当然要吃亏，这一次要吃亏的是高丽的共管。但战败以后而求和，吃亏之大远过于不战而和。同治、光绪年间的政治领袖如曾、左、李及恭亲王、文祥诸人原想一面避战，一面竭力以图自强。不幸，时人不许他们，对自强事业则多方掣肘，对邦交则好轻举妄动，结果就是误国。

↑正文中所说的那一次“最要紧”的海战是指黄海海战，亦称大东沟海战。此役，几乎集中了中、日两国海军全部的主力舰艇。战役进行得很激烈，一直从9月17日的中午打到黄昏，结果以日本海军联合舰队撤出战场而结束。此战，北洋水师损失“致远”“经远”“超勇”“扬威”和“广甲”等5艘军舰，“来远”受重伤，死伤官兵约600人；日本联合舰队的“松岛”“吉野”“比睿”“赤城”“西京丸”等5舰受重伤，伤亡239人。上图所绘即为“致远”舰奋勇作战的场景。激战中，“致远”舰管带邓世昌下令全力向“吉野”号撞去，但不幸被对方发射的鱼雷击中，遂而沉没。

→黄海海战后，日军取得了制海权。1894年10月24日，日军2.5万人在军舰的掩护下在辽东半岛的花园口登陆，经过一系列的战斗后，于11月21日向号称“东亚第一要塞”的旅顺口发动攻击。次日，旅顺口陷落，随后日军制造了震惊中外的旅顺大屠杀。右边照片显示的是日军山炮部队正在对旅顺口展开炮击。

第四章

瓜分及民族之复兴

1. 李鸿章引狼入室

甲午战争未起以前及既起以后，李鸿章用各种外交方法，想得西洋各国的援助，但都失败了。国际的关系不比私人间的关系，是不讲理，不论情的。国家都是自私自利的，利害相同就结合为友，为联盟；利害冲突就成为对敌。各国的外交家都是精于打算盘的。西洋各国原想在远东大大地发展，但在甲午以前，没有积极推动，一则因为他们忙于瓜分非洲；二则因为他们互相牵制，各不相下；三则因为在远东尚有中国与日本两个独立国家，具有相当的抵抗能力。在中、日战争进行的时候，李鸿章虽千方百计地请求他们的援助，他们总是抱隔岸观火的态度，严守中立。他们觉得中国愈败，愈需要他们的援助，而且愈愿意出代价。同时他们又觉得日本虽打胜仗，战争总要削减日本的力量。在西洋人的眼光里，中、日战争无论谁败，实是两败俱伤的。他们反可坐收渔人之利，所以他们不援助我们于未败之前。

1895年4月17日，中日间在日本马关（今下关）签订《马关条约》，标志着中日甲午战争的结束。条约主要有三点内容：一、中国割让辽东半岛、台湾岛及其附属各岛屿、澎湖列岛给日本；二、赔偿日本2亿两白银；三、中国增开沙市、重庆、苏州、杭州为商埠，并允许日本在中国的通商口岸投资办厂。《马关条约》使中国的危机空前严重，半殖民地化程度大大加深。此图即为《马关条约》签字时的情景，正面右起依次为日本内阁总理大臣伊藤博文、外务大臣陆奥宗光；背面右起第一人则为李鸿章。

等到《马关条约》一签字，俄、德、法三国就联合起来强迫日本退还辽东半岛，包括旅顺、大连在内。主动是俄国，德、法不过附和。当时俄国财政部长威特（Witte）正赶修西伯利亚铁路，他发现东边的一段，如绕黑龙江的北岸，路线太长，工程太困难；如横过我们的东三省，路线可缩短，工程也容易得多。同时海参崴太偏北，冬季结冰，不便航行。如果俄国能得大连、旅顺，俄国在远东就能有完善的军港和商港。完成西伯利亚铁路及得一个不冰冻的海口，这是威特想要乘机而达到的目的。法国当时联俄以对德，俄要法帮忙，法不敢拒绝，何况法国也有野心想乘机向远东发展呢？德国的算盘打得更精。他想附和俄国，一则可以使俄国知道德国是俄国的朋友，俄国不必联络法国；二则俄国如向远东发展，在欧洲不会多事，德国正好顺水推舟；三则德国也可以向我们索取援助的代价。这是三国干涉《马关条约》实在的动机。

俄、德、法三国的做法是十分冠冕堂皇的。《马关条约》发表以后，他们就向我们表示同情，说条约太无理，他们愿助中国挽回失地的一部分。在我们那时痛恨日本的情绪之下，这种友谊的表示是求之不得的。我们希望三国能把台湾及辽东都替我们收回来。同时三国给予所谓友谊的劝告，说日本之占领辽东半岛不利于远东和平。战后之日本固不敢不依从三国的劝告，于是退还辽东，但加赔款三千万两。中国觉得辽东半岛不止值三千万两，所以觉得应感激三国的援助。

《马关条约》原定赔款二万万两，现在又加三千万两，中国当然不能负担。威特一口答应帮中国从法、俄银行借一万万两，年息四厘。数目之大，利率之低，诚使我们受宠若惊。俄国真可算是我们的好朋友！

光绪二十二年（1896年），俄皇尼古拉二世（Nicholas Ⅱ）行加冕典礼。帝俄政府向中国表示：当中、俄两国特别要好的时候，中国应该派头等大员去做代表，才算是给朋友面子。中国乃派李鸿章为庆贺加冕大使。这位东方的俾斯麦于是到欧洲去了。威特深知中国的心理，所以他与李鸿章交涉的时候，首言日本之可恶可怕，这是李鸿章愿意听的话，也是全国人士愿意听的话。这种心理的进攻既然顺利，威特乃进一步陈言俄国对中国之援助是如何心有余而力不足。他说当中、日战争之际，俄国本想参战，但因交通不便，俄军未到而中、日战争就完了。以后中国如要俄国给予有力的援助，中国必须使俄国修条铁路横贯东三省。李鸿章并未驳辩威特的理论，但主张中国境内之铁路段应由中国自修。威特告以中国人力财力不足，倘自修，则十年尚不能成，将缓不济急。威特最后说，如中国坚拒俄国的好意，俄国就不再助中国了。这一句话把李鸿章吓服了。于是他与威特签订密约，俄许援助中国抵抗日本，中许俄国建筑中东铁路。

光绪二十二年（1896年）的《中俄密约》是李鸿章终生的大错。甲午战争以后，日本并无于短期内再进攻中国的企图。是时日本政府反转过来想联合中国。因为西洋倘在中国势力太大，是于日本不利的。威特的本意不是要援助中国，是要利用中东铁路来侵略中国的。以后瓜分之祸及日俄战争、二十一条、九·一八，这些国难都是那个密约引出来的。

李鸿章离开俄国以后，路过德、法、比、英、美诸国。他在柏林的时候，德国政府试探向他要代索辽东的报酬，他没有答应。德国公使以后又在北京试探，北京也没有答应。光绪二十三年（1897年）秋，山东曹州杀了两个传教士，德国乘机一面占领青岛，一面要想租借胶州湾及青岛及在山东修铁路和开矿的权。中国于光绪二十四年（1898年）春答应了，山东就算是德国的势力范围。

俄国看见德国占了便宜，于是调兵船占旅顺、大连。俄国说为维持华北的势力均衡，并为助中国的方便，不能不有旅顺、大连，并且还要修南满铁路。中国也只好答应。我们费三千万赎回来的辽东半岛，这时俄国又夺去了。俄国还说，他是中国唯一的朋友！俄国的外交最阴险：他以助我之名，行侵我之实。以后他在东北既有了中东铁路、南满铁路及大连、旅顺，东三省就成了俄国的势力范围。

于是英国要求租借威海卫和九龙及长江流域的优越权利，法国要求租广州湾及广东、广西、云南的优越权利，日本要求福建的优越权利，意大利要求租浙江的三门湾。除意大利的要求以外，中国都答应了。这就是所谓瓜分。唯独美国没有提出要求，但他运用外交，使各国不完全割据各国所划定的范围，使各国承认各国在中国境内都有平等的通商权利，这就是历史上有名的门户开放主义。

这种瓜分运动就是甲午的败仗引起来的。在近代的世界，败仗是千万不能打的。

←1897年11月1日，德国传教士理加略和能方济被曹州当地大刀会成员杀死。11月13日，德国东洋舰队司令棣立斯海军上将率领“德皇号”“威廉亲王号”“鸬鹚号”三艘巡洋舰从上海抵达胶州湾，随后不久就占领了青岛。1898年3月6日，李鸿章、翁同龢与德国公使海靖签订了《胶澳租界条约》。条约主要内容为，中国将胶州湾租与德国，租期99年；德国有在山东境内修建铁路和开矿的权利。左边照片中显示的是被占领后的胶州城，城墙上站满了德国士兵。

↑上面照片中显示的是正在修筑中的胶济铁路。《胶澳租界条约》签订后，德国便迫不及待地开始修筑从沿海通往内地的铁路，这条铁路从青岛向西一直修到济南，1899年开工，1904年全线竣工通车，干线全长395.2公里，支线长45.7公里。

2. 康有为辅助光绪变法

假使我们是甲午到戊戌那个时代的人，眼看见我们的国家被小小的日本打败了，打败了以后又要割地赔款，我们还不激昂慷慨想要救国吗？又假使我们是那个时代的人，新知识新技术都没有，所能做的仅八股文章，所读过的书仅中国的经史，我们救国方案还不是离不开我们的经典，免不了做些空泛而动听的文章？假使正在这个时候，我们中间出了一个人提出一个伟大的方案，既合乎古训，又适宜时局，其文章是我们所佩服的，其论调正合乎我们的胃口，那我们还不拥护他吗？康有为就是这时代中的这样的人。

康有为是广东南海人，生在咸丰五年（1855年），比孙中山先生大十一岁。他家好几代都是读书人。他的家教和他的先生朱九江给他的教训，除预备他能应考试、取科名外，特别注重中国政治制度的沿革及一般所谓经世致用之学。他不懂任何外国文字，在戊戌以前，也没有到外国去过。但他到过香港、

康有为（1858-1927年），字广厦，号长素，又号明夷、西樵山人、游存叟等，广东省南海县丹灶苏村人，人称康南海，晚清时期重要的政治家、思想家、教育家，改良主义的代表人物。早在光绪十四年（1888年），康有为就上书光绪帝请求变法，只是受阻而未上达。《马关条约》签订后，康有为联合1300多名举人上万言书，即历史上有名的“公车上书”。变法维新失败后，康有为逃亡日本，组织保皇会。1927年，康有为病死于青岛。

上海，看见西洋人地方行政的整齐，受了很大的刺激。他觉得这种优美的行政必有文化和思想的背景和源泉。可惜那个时候国内还没有讨论西洋政治经济的书籍。康有为所能得的仅江南制造局及教会所译的初级天文、地理、格致、兵法、医药及耶稣教经典一类的书籍。但他是个绝顶聪明的人，“能举一反三，因小以知大，自是于其学力中别开一境界”。

我们已经说过，同、光时代李鸿章所领导的自强运动限于物质方面，是很不彻底的。后来梁启超批评他说：

知有兵事而不知有民政，知有外交而不知有内治，知有朝廷而不知有国民，知有洋务而不知有国务。以为吾中国之政教风俗，无一不优于他国，所不及者惟枪耳，炮耳，船耳，机器耳。吾但学此，而洋务之能事毕矣。

这种批评是很对的。可是李鸿章的物质改革已遭时人的反对，倘再进一步地改革政治态度，时人一定不容许他。甲午以后，康有为觉得时机到了。李鸿章所不敢提倡的政治改革，康有为要提倡。这就是所谓变法运动。

中国自秦、汉以来，两千多年，只有两个人曾主张变法，一个是王莽，一个是王安石，两个都失败了。王莽尤其成为千古的罪人，所以没有人敢谈变法。士大夫阶级都以为法制是祖宗的法制，先圣先贤的法制，历代相传，绝不可变更的。康有为知道非先打破这个思想的难关，变法就无从下手。所以在甲午以前，他写了一篇《孔子改制考》。他说孔子根本是个改革家，孔子作《春秋》的目的就是要改革法制。《春秋》的真义在《公羊传》里可以看出来。《公羊传》讲“通三统”，那就是说夏、商、周三代的法制并无沿袭，各代都因时制宜，造出各代的法制。《公羊传》又讲“张三世”，那就是说，以专制政体对乱世，立宪政体对升平之世，共和政体对太平之世。康有为这本书的作用无非是抓住孔子做他思想的傀儡，以便镇压反对变法的士大夫。

康有为在甲午年中了举人，乙未年中进士。他是那个国难时期的新贵。他趁机组织学会，发行报纸来宣传，一时附和的人很不少。大多数并不了解他的学说，也不知道他的改革具体方案，只有极少数可以说是他的忠实同志。但是他的运动盛极一时，好像全国舆论是拥护他的。

孔子是旧中国的思想中心。抓住了孔子，思想之战就成功了。皇帝是旧中国的政治中心，所以康有为的实际政治工作是从抓住皇帝下手。他在严重的国难时期之中，一再上书给光绪皇帝，大讲救国之道。光绪也受了时局的刺激，很想努力救国。他先研究康有为的著作，后召见康有为。他很赏识他，因为种种的困难，只教他在总理衙门行走。戊戌春季的瓜分更刺激了变法派和光绪帝。于是他又派康有为的四位同志杨锐、刘光第、林旭、谭嗣同在军机处办事。从戊戌四月二十三日到八月初，康有为辅助光绪推行了百日的维新。

在这百天之内，康有为及其同志推行了不少的新政。其中最要紧的有两件事。第一，以后政府的考试不用八股文，都用政治经济的策论。换句话说，以后读书人要做官不能靠虚文，必须靠实学；第二，调整行政机构。康有为裁汰了许多无用的衙门和官职，如詹事府、通政司、光禄寺、鸿胪寺、太仆寺、大理寺，以及与总督同城的巡抚，不治河的河督，不运粮的粮道，不管盐的盐

光绪帝，爱新觉罗·载湉，清朝第十一位皇帝，在位共34年。光绪帝生父为道光帝第七子醇亲王奕譞，同治帝死后被慈禧太后指定继位。光绪十五年（1889年），光绪帝亲政，但实际上大权仍掌握在慈禧太后手中。中日甲午战败后，光绪帝痛定思痛，遂极力支持维新派变法以图强。“百日维新”失败后，慈禧太后对外宣称光绪帝罹病不能理事，实则将他幽禁于中南海瀛台。光绪三十四年（1908年）11月14日，光绪帝暴崩，享年38岁，庙号德宗。

孙中山评价光绪帝道：“夫康梁，一以进士，一以举人，而蒙清帝载湉特达之知，非常之宠，千古君臣知遇之隆未有若此者也。百日维新，言听计从，事虽不成，而康梁从此大名已震动天下。此谁为之？孰令致之？非光绪之恩，曷克臻此！”

道。同时他添了一个农工商总局，好像我们现在的经济部，想要推行经济建设。这两件大新政，在我们今日看起来，都是应该早办的，但在戊戌年间，虽然国难那样严重，反对的人居大多数。为什么呢？一句话，打破了他们的饭碗。人人都知道废八股，提倡实学，但数百翰林，数千进士，数万举人，数十万秀才，数百万童生，全国的读书人都觉得前功尽弃。他们费了多少心血，想从之乎者也里面升官发财。一旦废八股，他们绝望了。难怪他们要骂康有为为洋奴汉奸。至于被裁的官员，更不要说，无不切齿痛恨。

康有为既然抓住皇帝来行新政，反对新政的人就包围西太后，求“太后保全，收回成命”。这时光绪虽做皇帝，实权仍在西太后手里。他们两人之间久不和睦。西太后此时想索性废光绪皇帝。新派的人于是求在天津练兵的袁世凯给他们武力的援助。袁世凯嫌他们孟浪，不肯合作，而且泄露他们的机密。西太后先发制人，把光绪囚禁起来，说皇帝有病，不能理事，复由太后临朝训政。康有为逃了，别人也有逃的，也有被西太后处死的。他们的新政完全打消了。

3. 顽固势力总动员

在戊戌年的变法运动之中，外国人颇偏袒光绪帝及维新派，反对西太后及顽固党。因此一个内政的问题就发生国际关系了。后康有为、梁启超逃难海外，又得到外国人的保护。他们在逃难之中发起保皇会，鼓动外国人和华侨拥护光绪。这样，西太后和顽固党就恨起洋人来了。西太后要废光绪，立端王载漪的儿子溥儁做皇帝。刚毅、崇绮、徐桐、启秀诸顽固分子想在新王之下操权，于是怂恿废立。但各国驻京公使表示不满意，他们的仇外的心理更进了一层。

顽固党仅靠废立问题还不能号召天下，他们领导的运动所以能扩大，这是因为他们也是爱国分子。自鸦片战争到庚子年，这六十年中所受的压迫，所堆积的愤慨，他们觉得中国应该火速抗战，不然国家就要亡了。我们不要以为顽固分子不爱国，从鸦片战争起，他们是一贯地反对屈服，坚强地主张抗战。在戊戌年，西太后复政以后，她硬不割让三门湾给意大利。她令浙江守土的官吏准备抗战。后意大利居然放弃了他的要求，顽固党更加觉得强硬对付洋人是对的。

外国人在中国不但通商占地，还传教，这一层尤其招顽固分子的愤恨。他们觉得孔、孟的遗教是圣教，洋人的宗教是异端，是邪教。中国最无知的愚民，都知道孝敬父母，尊顺君师，洋人是无父无君的。几千年来，都是外夷学中国，没有中国学外夷的道理。这种看法在当时是很普遍的。譬如大学士徐桐是大理学家倭仁的门弟子，自己也是个有名的理学家，在当时的人物中，算是一个正派君子。他和他的同志是要保御中国文化而与外人战。他们觉得铲草要除根，排斥异端非尽驱逐洋人不可。

但是中国与日本战尚且打败了，怎能一时与全世界开战呢？顽固分子以为可以靠民众。利用民众或“民心”或“民气”去对外，是林则徐、徐广缙、叶名琛一直到西太后、载漪、刚毅、徐桐传统的法宝。凡是主张剿夷的莫不觉得四万万同胞是有胜无败的。甲午以后，山东正有民间的义和团出现。顽固分子觉得这个义和团正是他们所需要的武力。

义和团（又名义和拳）最初是大刀会，其本质与中国流行民间的各种会匪并无区别。这时的大刀会专以洋人，尤其是传教士为对象，民众对洋人也有多年的积愤。外国传教士免不了偏袒教徒，而教徒有的时候免不了仗洋人的势力欺侮平民。民间许多带宗教性质的庙会敬神，信基督教的人不愿意合作。这也引起教徒与非教徒的冲突。民间尚有种种谣言，说教士来中国的目的不外挖取中国人的心眼以炼丹药；又一说教士窃取婴孩脑髓、室女红丸。民间生活是很痛苦的，于是把一切罪恶都归到洋人身上。洋人，附洋人的中国人，以及与洋人有关的事业如教堂、铁路、电线等，皆在被打倒之列。义和团的人自信有鬼神保佑，洋人的枪炮打不死他们。山东巡抚李秉衡及毓贤前后鼓励他们，因此他们就以扶清灭洋的口号在山东扰乱起来。

己亥年（光绪二十五年，1899年）袁世凯做山东巡抚，他就不客气，把义和团当做乱民，派兵痛剿。团民在山东站不住，于己亥冬庚子春逃入河北。河北省当局反表示欢迎，所以义和团就在河北得势了。毓贤向载漪、刚毅等大替义和团宣传，说他们如何勇敢、可靠。载漪和刚毅介绍义和团给西太后，于是义和团在北京得势了。西太后及想实行废立的亲贵，顽固的士大夫及顽固爱国

当时外国人绘制的义和团民画像。

《辛丑条约》签订于1901年9月7日，故有“九七国耻”一说。《辛丑条约》是中国近代史上赔款数目最庞大、主权丧失最严重的不平等条约，从此中国彻底沦为半殖民地半封建社会。照片显示的即为《辛丑条约》的签字现场，其中有荷兰公使克罗伯、西班牙公使葛络干、俄国公使格尔斯、德国公使穆莫、英国公使萨道、日本公使小村寿太郎、意大利公使萨尔瓦多·拉吉、比利时公使姚士登、奥匈帝国公使齐干、美国公使柔克义、法国公使鲍渥、联芳、李鸿章、庆亲王奕劻。

志士，都与义和团打成一片，精诚团结去灭洋，以为灭了洋人，他们各派的公私目的都能达到。庚子年拳匪之乱是中国顽固势力的总动员。

经过四次的御前会议，西太后乃于五月二十五日向各国同时宣战。到七

月二十日，董福祥的军队连同几万拳匪，拿着他们的引魂幡、混天大旗、雷火扇、阴阳瓶、九连环、如意钩、火牌、飞剑及其他法宝，仅杀了一个德国公使，连东交民巷的公使馆都攻不破。同时八国联军由大沽口进攻，占天津，慢慢地逼近北平。于是西太后同光绪帝逃到西安。李鸿章又出来收拾残局。

拳匪之乱的结束是《辛丑条约》，除惩办祸首及道歉外，《辛丑条约》有三个严重的条款：第一，赔款四万万五千万两，分三十九年还清，在未还清以前，按每年四厘加利，总计实九万万八千余万两。俄国的部分最多（那时中、俄尚是联盟国），占百分之二十九；德国次之，占百分之二十；法国占百分之

←所谓八国联军，是指大英帝国、美利坚合众国、法兰西第三共和国、德意志帝国、俄罗斯帝国、日本帝国、奥匈帝国、意大利王国等国派遣的联合远征军。1900年8月14日，八国联军攻入北京，随后展开大肆屠杀和劫掠。据记载："城破之日，洋人杀人无数；但闻枪炮轰击声，妇幼呼救声，街上尸体枕籍。"就连前文提到的户部尚书崇绮的妻子和女儿也遭到八国联军数十人轮奸，归来后全家自尽，崇绮亦服毒自杀。左边照片显示的是八国联军总司令瓦德西率军由午门进入紫禁城的情景。

↑因为德国公使克林德在义和团运动中被杀，所以清政府特委派光绪帝的亲弟弟醇亲王载沣为"头等专使大臣"赴德国赔罪。上面这张照片是其途径香港时拍摄的，照片中居中坐者即为刚满18岁的载沣。

十六弱，英国占百分之十一强，日本与美国各占百分之七强。第二，各国得自北京到山海关沿铁路线驻兵。近来日本增兵平、津，就借口《辛丑条约》。第三，划定并扩大北京的使馆区，且由各国留兵北京以保御使馆。

这种条款够严重了，但我们所受的损失最大的还不是《辛丑条约》的各款，此外还有东三省的问题。庚子年，俄国趁拳乱派兵占领全东北三省。《辛丑条约》订了以后，俄国不肯退出，反向中国要求各种特殊权利。假使中国接受了俄国的要求，东北三省在那个时候就要名存实亡了。张之洞、袁世凯竭力反对接受俄国的条款，日本、英国、美国从旁赞助他们。李鸿章主张接受俄国的要求，但是幸而他在辛丑的冬天死了，不然东北三省就要在他手里送给俄国了。日本、英国看见形势不好，于壬寅年（光绪二十八年，1902年）年初，缔结同盟条约来对付俄国。美国虽未加入，但表示好感。中国当时的舆论亦赞助

占领中国东北的俄军官兵合影。

同盟。京师大学堂（以后的北京大学）的教授上书政府，建议中国加入同盟，变为中、日、英三国的集团来对付俄国。俄国看见国际情形不利于他，乃与中国订约，分三期撤退俄国在东三省的军队。条约虽签字了，俄国以后又中途变计，日本乃出来与俄国交涉。光绪三十年（1904年）两国交涉失败，就在我们的国土上打起仗来了。

那一次的日俄战争，倘若是俄国全胜了，不但我们的东三省，连高丽都要变为俄国的势力范围；倘若日本彻底地打胜了俄国，那高丽和东北就要变为日本的范围，中国左右是得不了便宜的。幸而事实上日本只局部地打胜了，结果两国讲和的条约仍承认中国在东北的主权，不过划北满为俄国铁路及其他经济势力的范围，南满包括大连、旅顺在内，为日本的范围。这样，日、俄形成对峙之势，中国得以收些渔人之利。

4. 孙总理提民族复兴方案

在未述孙中山先生的事业以前，我们试回溯中国近代史的过程。我们说过，我们到了十九世纪遇着空前未有的变局。在十九世纪以前，与中华民族竞争的都是文化不及中国，基本势力不及中国的外族。到了十九世纪，与中国抗衡的是几个以科学、机械及民族主义立国的列强。我们在道光年间虽受了重大的打击，我们仍旧不觉悟，不承认国家及民族的危险，因此不图改革，枉费了民族二十年的光阴。直到受了英法联军及太平天国的痛苦，然后有同治初年由奕䜣、文祥、曾国藩、李鸿章、左宗棠领导的自强运动。这个运动就是中国近代史上第一个应付大变局的救国救民族的方案。简单地说，这个方案是要学习运用及制造西洋的军器来对付西洋人。这是一个不彻底的方案，后来又是不彻底地实行。为什么不彻底呢？一则因为提案者对于西洋文化的认识根本有限，二则因为同治、光绪年间的政治制度及时代精神不容许自强运动的领袖们前进。同时代的日本采取了同一路线，但是日本的方案比我们的更彻底。日本不但接受了西洋的科学和机械，而且接受了西洋的民族精神及政治制度的一部分。甲午之战是高度西洋化、近代化之日本战胜了低度西洋化、近代化之中国。

甲午以后，康有为所领导的变法运动是中国近代史上救国救民族的第二个方案。这个方案的主旨是要变更政治制度，其最后目的是要改君主立宪，以期民族精神及维新事业得以在立宪政体之下充分发挥和推进。变法运动无疑的是比自强运动更加西洋化、近代化。康有为虽托孔子之名及皇帝的威严去变法，他依旧失败，因为西太后甘心做顽固势力的中心。清政府皇室及士大夫阶级和民间的顽固势力本极雄厚，加上西太后的支助，遂成了一种不可抑遏的反潮。严格说来，拳匪运动可说是中国近代史上第三个救国救民族的方案，不过这个方案是反对西洋化、近代化的，与第一、第二两个方案是背道而驰的。拳匪的惨败是极自然的。惨败代价之大足证中华民族要图生存绝不可以开倒车。

等到自强、变法、反动都失败了，国人然后注意孙中山先生所提出的救国救民族的方案。这个方案的伟大与孙中山先生的少年环境是极有关系的。

中山先生是广东香山县人，生于前清同治五年（1866年）。他的家庭是中国乡下贫苦农夫的家庭。他小的时候就在田庄上帮助父亲耕种。十三岁，他随长兄德彰先生到檀香山，他在那里进了教会学校。十六岁的时候，他回到广州入博济医学校。次年，他转入香港英国人所设立的医学专科。他在这里读书共十年，于光绪十八年（1892年）毕业，成医学博士。中法战争的时候，他正十九岁，所受刺激很大。他在学校所结纳的朋友，如郑士良、陈少白、陆皓东等多与秘密反对清政府的会党有关。所以在这个时候，他已有了革命的思想。

中山先生的青年生活有几点值得特别注意：第一，他与外人接触最早，十三岁就出国了。他所入的学校全是外国人所设立的学校。他对西洋情形及近代文化的认识远在李鸿章、康有为诸人之上。这是我民族一种大幸事。因为我们既然只能从近代化找出路，我们的领袖人物应该对近代化有正确深刻的认识；第二，中山先生的教育是科学的教育，而且是长期的。科学的思想方法是近代文化的至宝。但是这种方法不是一两个月的训练班或速成学校所能培养的。我们倘不了解这一点，我们就不能了解为什么中山先生所拟的救国方案能

↑孙中山从小在教会学校读书，受到的是西方近代教育，这是其具有科学而先进思想的基础。教会学校是在鸦片战争之后由来华传教士创办的，本意是传播宗教教义，但同时也传播了很多科学文化知识以及近代的教育理念，这在客观上对晚清时期的中国近代教育起到了极大的推动作用，培养了大量的人才。照片中显示的即是20世纪初一所上海的教会学校里学生们正在上课的情景。

←青年孙中山的肖像照。

超越别人所提的方案。中山先生所提的一切方案是具体的，精密的，有步骤的，方方面面都顾到的，因为他的思想是受过长期科学训练的。

光绪十年（1884年）的中法之战给了中山先生很大的刺激。光绪二十年（1894年）的中日之战所给的刺激更大。此后，他完全放弃行医，专门从事政治。次年，他想袭取广州，以为革命的根据地。不幸事泄失败，他逃到国外。在檀香山的时候，他组织了兴中会。当时风气未开，清廷监视很严，所以兴中会的宣言不提革命，只说政府腐败，国家危急，爱国志士应该联合起来以图国家的富强。宣言虽是这样的和平，海外侨胞加入兴中会的还是很少。中山先生从檀香山到美国、英国，一面鼓吹革命，一面考察英、美的政治。在英国的时候，使馆职员诱他入馆，秘密地把他拘禁起来，想运送回国。幸而得到他的学校教师的援助终得出险，后又赴法。这是中山先生初次在海外逃难的时期，也是他革命的三民主义初熟的时期。

庚子拳匪作乱的时候，郑士良及史坚如两同志奉中山先生的命令想在广东起事，不幸都失败了。但是庚子年的大悲剧动摇了许多人对清政府的信念。留学生到日本去的也大大地增加，从此中山先生的宣传容易得多，信徒增加也很快。日本朋友也有赞助的。到了甲辰年（光绪三十年，1904年），他在日本组织同盟会，并创办《民报》。这是中华民族初次公开的革命团体。《同盟会宣言》及《民报发刊词》是中山先生初次公开的正式的以革命领袖的资格，向全世界发表他的救国救民族的方案。甲辰以后，中山先生尚有二十年的革命工作，对他所拟的方案尚有不少的补充，但他终身所信奉的主义及方略的大纲已在《同盟会宣言》和《民报发刊词》里面立定基础了。

《民报发刊词》说明了三民主义的历史必然性。欧洲罗马帝国灭亡以后，各民族割据其地，慢慢地各养成其各自的语言、文字、风俗、法制。到了近代，各民族遂成了民族国家。但在各国之内王室专制，平民没有参政之权，以致民众受压迫的痛苦。十八世纪末年，十九世纪初年，欧人乃举行民权的革命。在十九世纪，西洋人虽已实行民族主义和民权主义，但社会仍不安。这是因为欧、美在十九世纪科学发达，工业进步，社会贫富不均，中国应在工业初起的时候防患未然，利用科学和工业为全民谋幸福，这就是民生主义。中山先生很激昂地说：

> 夫欧、美社会之祸，伏之数十年，及今而后发现之，又不能使之

1905年8月20日，在东京赤坂区一所民宅二楼的房间里，由兴中会、华兴会和光复会等革命团队合并而成为中国同盟会。孙中山被推选为同盟会的总理，黄兴被推选为负责执行的庶务。会上通过了孙中山起草的《同盟会宣言》，确认孙中山提出的“驱除鞑虏，恢复中华，创立民国，平均地权”的十六字纲领，该纲领后又被解释为三民主义学说。照片所显示的是孙中山与同盟会芝加哥分会会员的合影。

遽去。吾国治民生主义者，发达最先，睹其祸害于未萌，试可举政治革命、社会革命，毕其功于一役，还视欧、美，彼且瞠乎后也。

这是中山先生的爱国热忱和科学训练所创作的救国方案。其思想的伟大是古今无比的。

但是民族主义和民权主义在西洋尚且未实现，以落伍的中国，外受强邻的压迫，内部又满布封建的思想，何能同时推行三民主义呢？这岂不是偏于思想吗？有许多人直到现在还这样批评中山先生。三十三年以前，当同盟会初组织的时候，就是加盟者大部分也阳奉阴违，口信心不信。反对同盟会的人更加不必说了。他们并不否认三民主义的伟大，他们所犹豫的是三民主义实行的困难。其实中山先生充分地顾到了这层困难。他的革命方略就是他实行三民主义的步骤。同盟会宣言的下半说明革命应分军法、约法、宪法三时期，就是以后所谓军政、训政、宪政三阶段。一般浅识的人承认军政、宪政之自然，但不了解训政阶段是必要的，万不能免的。中山先生说过：

> 由军政时期一蹴而至宪政时期，绝不予革命政府以训练人民之时期，又绝不予人民以养成自治能力之时间，于是第一流弊在旧污未由荡涤，新治未由进行；第二流弊在粉饰旧污以为新治；第三流弊在发扬旧民，压抑新治。更端言之，即第一，民治不能实现；第二，为假民治之名行专制之实；第三，则并民治之名而去之矣。此所谓事有必至，理有固然者。

当时在日本与同盟会的《民报》抗争者是君主立宪派的梁启超所主持的《新民丛报》。梁启超是康有为的门徒，爱国而博学。他反对打倒清政府，反对共和政体。他要维持清室而行君主立宪，所以他在《新民丛报》里再三发表文章攻击中山先生的民族主义和民权主义。他说中国人民程度不够，不能行共和制。如行共和制必引起多年的内乱和军阀的割据。他常引中国历史为证：中国每换一次朝代必有长期的内乱。梁启超说，在闭关自守时代，长期的内乱尚不一定要亡国。现在列强虎视，一不小心，我们就可遭亡国之祸。民国以来的事实似乎证明了梁启超的学说是对的。其实民国以来的困难都是由于国人不明了，因而不接受训政。

孙中山先生的三民主义和革命方略无疑是中华民族唯一复兴的路径，我们不可一误再误了。

5. 民族扫除复兴的障碍

庚子拳匪之乱以后，全体人民感觉清政府是中华民族复兴的一种障碍，这种观察是很有根据的。甲午以前，因为西太后要重修颐和园，中国海军有八年之久不能添造新的军舰。甲午以后，一则因为西太后与光绪争权，二则因为清政府的亲贵以为维新就是汉人得势，满人失权，西太后和亲贵就煽动全国一切反动势力来打倒新政。我们固不能说，满人都是守旧的，汉人都是维新的，因为汉人之中，思想腐旧的也大有人在。事实上，满人居领袖地位，他们一言一动的影响大，而他们中间守旧的成分实在居大多数。并且他们反对维新就是借以排汉，所以庚子以后，清政府虽逐渐推行新政，汉人始终不信服他们，不认为他们是有诚意的。

庚子年的冬天，西太后尚在西安的时候，她就下诏变法。以后在辛丑到甲辰那四年内，她裁汰了好几个无用的衙门，废科举，设学校，练新兵，派学生

《辛丑条约》签订后，清政府决心推行新政，其中一项就是进行军事改革。改进之后的清军因武器装备全用洋枪洋炮，编制和训练尽仿西方军队，故称新军。但颇具讽刺的是，这支原本用来加强清政府统治的军队，却在辛亥革命中成了推翻其统治的主力军。照片中显示的是正在进行操练的新军，前排站立者中左起依次为陆军部尚书荫昌、两江总督端方和安徽巡抚朱家宝。

出洋，许满、汉通婚。戊戌年康有为要辅助光绪帝行的新政，这时西太后都行了，而且超过了。日本胜了俄国以后，时人都觉得君主立宪战胜了君主专制。于是在乙巳年（1905年）的夏天，西太后派载泽等五大臣出洋考察各国宪法，表示要预备立宪。丙午、丁未、戊申三年成了官制及法制的大调整时期。

丙午（1906年）九月，厘定中央官制。前清中央主要的机关有内阁、军机处、六部、九卿。所谓九卿，多半是无用的衙门。六部采用委员制，每部有满、汉尚书各一，满、汉侍郎各二，共六人主政，责任不专，遇事推诿，并且自道、咸以后，各省督抚权大，六部成了审核机关，本身几全不举办事务。军机处是前清中央政府最得力的机关，原是内阁分出来的一个委员会，实际辅佐皇帝处理大政的。自军机处在雍正年间成立以后，内阁变成一种装饰品。丙午年的改革，保存了军机处，此外设立十一部，每部以一个尚书为最高长官。这种改革虽不圆满，比旧制实在是好多了。但十一名尚书发表以后，汉人只占五人，比以前六部满、汉各一的比例还差了。所以这种改革，不但未缓和汉人的不平，反加增了革命运动的力量。

丁未年（1907年）清政府决定设资政院于北京，作为中央的民意机关；设咨议局于各省，作为地方的民意机关。戊申年，清政府颁布宪法大纲，并规定九年为预备立宪时期。如果真要立宪，九年的预备实在还不够，但是因为当时国人对清政府全不信任，故反对九年的预备，说清政府不过借预备之名搁置立宪。

清政府在这几年之内，不但借改革以收汉人的政权，并且铁良和良弼想尽了法子把袁世凯的北洋兵权也夺了。等到戊申年的秋天，宣统继位，其父载沣做

1908年11月15日，就在光绪帝驾崩仅一天之后，慈禧太后——这位实际掌控中国近半个世纪之久的女人病逝于中南海仪鸾殿，享年74岁，谥号“孝钦慈禧端佑康颐昭豫庄诚寿恭钦献崇熙配天兴圣显皇后”，简称“孝钦显皇后”。慈禧太后谥号的长度为清代及中国历代皇后之最。三年后，辛亥革命爆发，清朝灭亡。照片中显示的是慈禧太后出殡时的场景。

摄政王的时候，第一条命令是罢免袁世凯。此时汉人之中尚忠于清廷而又有政治手腕者，袁世凯要算是第一，载沣还要得罪他，这不是清政府自取灭亡吗？

同盟会和其他革命志士看清了满人的把戏，积极地图以武力推倒清政府的政权。丙午年，同盟会的会员蔡绍南、刘道一联合湖南和江西交界的秘密会党在浏阳和萍乡起事。他们的宣言明说他们的目的是要打倒清政府，建立民国，平均地权。这是同盟会成立以后的第一次革命，也是三民主义初次充当革命的目标。不幸失败了。同时还有许多革命党员秘密地在武昌及南京的新军中运动革命，清廷简直是防不胜防。

这时日本政府应清政府的请求，强迫孙中山先生离开日本。中山先生乃领导胡汉民、汪精卫等到安南，在河内成立革命中心。他们在丁未年好几次在潮州、惠州、钦州、廉州及镇南关各处起事，戊申年又在河口起事，均归失败。同时江、浙人所组织的光复会也极活动。丁未年五月，光复会首领徐锡麟杀安徽巡抚恩铭，此事牵连了他的同志秋瑾，两人终皆遇害。戊申年十月，熊成基带安徽新军一部分突破安庆。他虽失败了，他的行动表明长江一带的新军已受了革命思想的影响。

丁未、戊申两年既受了这许多的挫折，同盟会的多数领袖主张革命策略应该变更。胡汉民当时说过："此后非特暗杀之事不可行，即零星散碎不足制彼虏死命之革命军亦断不可起。"汪精卫反对此说，他相信革命志士固应有恒德，"担负重任，积劳怨于一躬，百折不挠，以行其志"，但是有些应该有烈德，"猛向前进，一往不返，流血以溉同种"。他和黄复生秘密地进北京，谋刺摄政王载沣。后事不成被捕下狱。这是庚戌宣统二年（1910年）的事情。

汪精卫独行其烈德的时候，中山先生和胡汉民、黄兴、赵声正在南洋向华侨募捐，想大规模地有计划地向清政府进攻。这是汪精卫所谓恒德。他们于庚戌年十一月在槟榔屿订计划，先占广州，然后北伐，"以黄兴统一军出湖南趋湖北，赵声统一军出江西趋南京"。订了计划以后，他们分途归国。次年辛亥宣统三年，三月二十九日的黄花岗七十二烈士之役是他们的计划的实现。军事上虽失败了，心理上则大成功，因为革命精神从此深入国民的脑际。

正在这个时候，清廷宣布铁路国有的计划，给了革命党人一个很好的宣传

黄花岗起义是同盟会发动的第10次起义。1911年4月27日下午，黄兴率领约200名敢死队员分四路分别攻打两广总督衙门、小北门、巡警教练所和守南大门。随后起义的队伍与清军展开激烈巷战，但因寡不敌众而失败，黄兴侥幸脱险。事后，同盟会会员潘达微收殓了起义者的遗骸72具，合葬于广州城东的黄花岗。

孙中山将此役评价为："是役也，碧血横飞，浩气四塞，草木为之含悲，风云因而变色，全国久蛰之人心，乃大兴奋。怨愤所积，如怒涛排壑，不可遏抑，不半载而武昌之大革命以成。则斯役之价值，直可惊天地、泣鬼神，与武昌革命之役并寿。"

照片中显示的是此次起义中被清军俘获的同盟会员，随后全部壮烈牺牲。

的机会。那时待修的铁路，以粤汉、川汉两路最为急迫。困难在资本的缺乏。四川、湖北、湖南诸省的人民乃组织民营铁路公司，想集民股筑路。其实民间的资本不够，公司的领袖人物也有借公济私的，所以成绩不好，进行很慢。邮传大臣盛宣怀乃奏请借外债修路，把粤汉、川汉两路都收归国有。借外债来建设本来是一种开明的政策，铁路国有也是不可非议的。不过盛宣怀的官声不好，清政府已丧失人心，就是行好政策，人民都不信任，何况民营公司的股东又要损失大利源呢？因以上各种缘故，铁路国有的问题就引起多数人的反对，

1911年10月10日，武昌起义爆发，起义的士兵首先攻占了楚望台军械库，并得到了武昌城内外驻守新军中革命党人的响应。随后，起义军兵分三路进攻总督署和旁边的湖北新军第八镇司令部，经过一整夜的激战，起义军掌控了整个武昌城。10月12日，革命党人又在汉阳发动起义并攻占了汉口。至此，武汉三镇全部掌握在革命军手中。照片中即为起义期间革命军士兵的合影。

革命党又从中煽动，竟成了大革命的导火线。

同盟会的革命策略本注重广东，但自黄花岗失败以后，陈其美、宋教仁、谭人凤等就想利用长江流域为革命策源地。他们在上海设立同盟会中部总会。谭人凤特别注重长江中游之两湖。那时湖北新军中的蒋翊武组织文学社于武昌，借以推动革命。在湖南活动的焦达峰及在湖北活动的孙武和居正另外组织共进会。这两个团体虽有同盟会的会员参加，并不是同盟会的支部，而且最初彼此颇有摩擦。经谭人凤调和以后，共进会和文学社始合作。

↑武昌起义爆发后，清政府随即发出“剿办”武汉“革党”上谕，陆军大臣荫昌遂率湖北周边的清军及北洋新军陆续赶赴武汉镇压。10月14日，清廷下诏起复袁世凯。15日，袁世凯致函时任内阁总理大臣的奕劻，决定奉诏出山，然后南下督师。照片中显示的是驻扎在北京的新军正列队通过东西牌楼前往前门火车站，准备南下武汉。

←10月18日起，革命军和陆续到来的清军展开了激烈的“汉口争夺战”。此役中，虽然革命军取得了一系列的胜利，但最后却因为种种原因，导致汉口于11月1日被清军占领。11月27日，汉阳也被清军攻占。此后，革命军全力转入防御武昌。12月2日，武汉革命军与清军达成停战协议。照片中显示的是守卫在襄河旁的革命军，他们与进攻汉阳的冯国璋所率的5000清军在此激战。

同盟会的首领原来想在长江一带应该有好几年的预备工作，然后可以起事。但四川、湖北、湖南争路的风潮扩大以后，他们就决定在辛亥年（宣统三年，1911年）秋天起事。发难的日期原定旧历八月十五日，后因预备不足，改迟十天。却在八月十八日，革命党的机关被巡捕破获，党人名册也被搜去。于是仓促之间定八月十九即阳历十月十日起事。

辛亥武昌起义的领袖是新军的下级军官熊秉坤。他率队直入武昌，进攻总督衙门。总督瑞澂当即不抵抗出逃，新军统制张彪也跟他逃，于是武昌文武官吏均弃城逃走，武昌便为革命军所据。革命分子临时强迫官阶较高、声望较好的黎元洪做革命的都督。

武昌起义以后，一个月之内，湖南、陕西、江西、山西、云南、安徽、江苏、贵州、浙江、广西、福建、广东、山东十三省相继宣布独立，并且没有一个地方发生激烈的战争。清政府的灭亡，不是革命军以军力打倒的，是清朝自己瓦解的。各独立省选派代表，制定临时约法，并公举孙中山先生为中华民国的临时总统。我们这个古老的帝国，忽然变为民国了。

清政府到了山穷水尽的时候，请袁世凯出来挽回大局。这种临时抱佛脚的办法是不会生效的。袁世凯替清室谋得的不过是退位以后的优待条件，为自己却得了中华民国第一任正式总统的地位。

辛亥革命打倒了清政府，这是革命唯一的成绩。清政府打倒了以后，我们固然扫除了一种民族复兴的障碍，但是等到我们要建设新国家的时候，我们又与民族内在的各种障碍对面了。

1911年12月20日，孙中山经香港回国。12月25日，中华民国南京临时政府成立。1912年1月1日，孙中山正式就任中华民国临时大总统。照片中显示的是孙中山就任临时大总统的前一天，南京军警在街头强行剪除路人辫子的情景，以此宣告清政府的垮台及共和的开始。

6. 军阀割据十五年

民国元年（1912年）的民国有民国必须具备的条件吗？当然没有。在上了轨道的国家，政党的争权绝不使用武力，所以不致引起内战。军队是国家的，不是私人的。军队总服从政府，不问主政者属于哪一党派。但是民国初年，在我们这里，军权就是政权。辛亥的秋天，清政府请袁世凯出来主持大政，正因为当时全国最精的北洋军队是忠于袁世凯的。中山先生在民国元年所以把总统的位置让给袁世凯也与这个缘故有关。我们说过，在太平天国以前，中国并没有私有的军队，有之从湘军起。湘军的组织和精神传给了淮军，淮军又传给了北洋军，以致流毒于民国。不过湘军和淮军都随着他们的领袖尽忠于清朝，所以没有引起内乱。到了民国，没有皇帝了，北洋军就转而尽忠于袁世凯。

为什么民国初年的军队不尽忠于民国，不拥护民国的宪法呢？我们老百姓的国民程度是很低的。他们当兵原来不是要保卫国家，是要解决个人生计问题

1912年2月15日，已提出辞呈的孙中山率南京临时政府官员谒祭明孝陵。前排左三为南京临时政府南京卫戍总督徐绍桢，左四为陆军总长黄兴，左五为临时大总统孙中山，左六为海军总长黄钟瑛，左七露半张脸而戴眼镜者是教育总长蔡元培。

的。如不加以训练，他们不知道大忠，那就是忠于国家和忠于主义，只知道小忠，忠于给他们衣食的官长和忠于他们同乡或同族的领袖。野心家知道中国人民乡族观念之深，从而利用之，以达到他们的割据企图。

工商界及学界的人何以不起来反对军阀呢？他们在专制政体下做了几千年的顺民，不知道什么是民权，忽然要他们起来做国家的主人翁，好像一个不会游水的人，要在海洋的大波涛之中去游泳，势非淹死不可。知识阶级的人好像应该能做新国民的模范，其实也不尽然。第一，他们的知识都偏于文字方面，古书愈读得多，思想就愈腐旧，愈糊涂。留学生分散到各国各校各学派，回国以后，他们把万国的学说都带回来了，五花八门，彼此争辩，于是军阀的割据之上又加了思想的分裂。第二，中国的读书人素以做官为唯一的出路。民国以来，他们中间有不少的人唯恐天下不乱，因为小朝廷愈多，他们做官的机会就愈多。所以知识阶级不但不能制止军阀，有的时候，反助纣为虐。

那么，我们在民国初年绝对没有方法引国家上轨道吗？有的，就是孙中山先生的建国方略和三民主义。中山先生早已知道清政府不是中国复兴唯一的障碍。其他如国民程度之低劣，国民经济之困难，军队之缺乏主义认识，这些他都顾虑到了。所以，他把建国的程序分为军政、训政、宪政三个时期。但是时人不信他，因为他们不了解他的思想。他们以为清政府是我们唯一的障碍，清政府扫除了，中国就可以从几千年的专制一跃而达到宪政。这样，他们正替军阀开了方便之门。这就是古人所谓“欲速则不达”。在民国初年，不但一般人不了解中山先生的思想，即同盟会的会员了解的也很少。中山先生并没有健全

孙中山卸任临时大总统之后，袁世凯于3月10日在北京宣誓就职中华民国第二任临时大总统。照片中显示的是1913年身穿前清陆军上将制服的袁世凯（前排左三）会见美国公使嘉乐恒（前排左四）时的情景。

的革命党做他的后盾。至于革命更谈不到。当时军队的政治认识仅限于排满一点，此外都是些封建思想和习惯，只能够做反动者的工具。中山先生既然没有健全的革命党和健全的革命军帮他推动他的救国救民族的方案，他就毅然决然让位于袁世凯，一方面希望袁世凯能不为大恶，同时他自己以在野的资格，努力造党和建设。

假使中华民族不是遇着帝国主义压迫的空前大难关，以一个曹操、司马懿之流的袁世凯当国主，树立一个新朝代，那我们也可马虎下去了。但是我们在二十世纪所需要的，是一个认识新时代而又能领导我们向近代化那条路走的伟大领袖。袁世凯绝不是个这样的人。他不过是中国旧环境产生的一个超等的大政客。在他的任内，他借了一大批外债，用暗杀的手段除了他的大政敌宋教仁，扩充了北洋军队的势力，与日本订了民国四年（1915年）的条约，最后听了一群小人的话，幻想称帝。等到他于民国五年（1916年）六月六日死的时候，他没有做一件于国有益、于己有光的事情。

袁死了以后，靠利禄结合的北洋军队当然四分五裂了。大小军阀，遍地皆是，他们混打了十年，他们都是些小袁世凯。到了民国十五年（1926年）的夏季，中国的政治地图分割到什么样子呢？第一，东北四省和河北、山东属于北洋军阀奉系的巨头张作霖。他在北京自称大元帅，算是中华民国的元首。第二，长江下游的江、浙、皖、闽、赣五省是北洋军阀直系孙传芳的势力范围。孙氏原来是吴佩孚的部下，不过到了民国十五年（1926年），孙氏已羽翼丰满，不再居吴佩孚之下了。第三，湖北同河南仍属于直系巨头曾拥戴曹琨为总统的吴佩孚。第四，山西仍属于北洋之附庸而保持独立而专事地方建设之阎锡山。第五，西北算是吴佩孚的旧部下而倾向于革命之冯玉祥的势力范围。第六，西南的四川、云南、贵州属于一群内不能统一，外不能左右大局的军阀。第七，广东、广西、湖南三省是革命军的策源地。从元年到十五年，我们这个国家的演化达到了这种田地。

7. 贯彻总理的遗教

民国十五年（1926年）七月九日，国民革命军誓师北伐，并下总动员令。这是中华民国历史上的大分水界。我们如果要了解民国十五年（1926年）北伐誓师为什么是个划时代的史实，我们必须补述孙中山先生末年的奋斗。

我们已经说过，中山先生在辛亥革命以前宣布了他的革命方略，分革命的过程为军政、训政、宪政三个阶段。用不着说，军政是一个信服三民主义的革命军对封建势力的扫荡和肃清；训政是一个信服三民主义革命党猛进的缔造宪政所必需的物质和精神条件。民国初年，这样的革命军和革命党都不存在，军阀得乘机而起，陷民国于长期的内乱，人民所受的痛苦，反过于在清政府专制之下所受的。中山先生于是更信他的革命方略是对的。民国三年（1914年），他制定革命党党章的时候，他把一党专政及服从党魁的精神大大地加强。民国七年（1918年），俄国革命，虽遭到国内国外反动势力的夹攻，终于成功了。

中山先生考察俄国革命党的组织，发现其根本纲领竟与他多年所提倡的大同小异。原来俄国也是个政治经济落后的国家，俄国的问题也是火速的现代化。在十九世纪，俄国没有赶上时代的潮流，因此在上次的欧洲大战，俄国以二十倍德国的领土，两倍德国的人口，尚不能对付德国二分之一的武力。我国的革命方略，在这种状况之下当然可供我们参考。难怪中山先生虽知道中山主义与列宁主义大有不同之点，早就承认列宁是他的同志。

在苏联革命的初年，为抵抗帝国主义起见，列宁亦乐与我们携手。民国十二年（1923年）正月二十六日，中山先生与列宁的代表越飞（Joffe）共同发

1922年6月，孙中山、宋庆龄与其侍卫队人员合影。

表宣言，声明两国在各行其主义的条件之下，共同合作。十二年夏，中山先生派蒋介石赴俄，考察红军和共产党的组织。是年冬，苏联派遣鲍罗廷来华做顾问。十三年（1924年）初中山先生召开全国代表大会于广州，彻底地改组国民党，并决定联俄容共。同时蒋介石从俄回国。中山先生就请他创办黄埔军校。中山先生对黄埔军校是抱无穷希望的。在开学的那一天，中山先生说过：

> 今天开这个学校的希望，就是要从今天起，把革命的事业，重新创造，要这学校的学生来做根本，成立革命军。诸位学生，就是将来革命军的骨干。

十四年（1925年）是革命策源地的两广的大调整时期。陈炯明勾结杨希闵、刘震寰意图消灭新起的革命势力。于是有两次的东征，然后广东得以肃清。同时革命政府协助了李宗仁、黄绍竑肃清广西。

不幸在这年的春天，三月十二日，中山先生在北平逝世了。从十五年（1926年）七月九日起的北伐，到二十六年（1937年）七月七日的抗日战争，是读者们所熟知的，我们可以不必细说。但是有两个重要方面我们不得不注意。

第一，抗战以来，国人不分党派区域均一致团结抗战。

第二，近年全国向近代化这条大道上迈进。铁路的加修，全国公路网的完成，航空线的设立，无线电网的布置，义务教育的提倡，科学及工程教育的奖进，及国防的近代化，都是近几年的大成绩。抗战以前全世界无不承认中华民族已踏上复兴之路。日本的军阀正是看清了这一点，所以决计向我们大举进攻。

目前的困难是一切民族在建国的过程中所不能避免的。只要我们能谨守中山先生的遗教，我们必能找到光明的出路。

附录一

中国与近代世界的大变局

历代备边，多在西北，其强弱形势，主客之形，皆适相埒，且犹有中外界限。今则东南海疆万余里，各国通商传教，来往自如，麇集京师及各省腹地，阳托和好之名，阴怀吞噬之计；一国生事，诸国构煽：实为数千年来未有之变局。轮船电报之速，瞬息千里；军器机事之精，工力百倍；炮弹所到无所不摧；水陆关隘不足限制：又为千年来未有之强敌……

这是同治十三年（1874年）李鸿章对中国的国际地位之观察，时人多以为他言过其实；今人定觉得他的看法还不透彻。关于这一点，我们在下文里当再讨论。我们现在不过要指出：李鸿章的结论是不能否认的或修改的。中国近代所处的局势确是“数千年来未有之变局”；中国近代所遇之敌人确是“数千年来未有之强敌”。

这个大变局的由来及其演化；中国对此变局的应付及其屡次的修改：这是本文所要讨论的。

1. 中西方关系发生变化

葡萄牙人在十五世纪末年发现了绕非洲经好望角的欧亚直接航路。这事在世界历史上开了一个新纪元，也就是上文所谓大变局的起始。在这事以前，中西固早已发生了关系，但以前的关系与以后的关系根本不相同。原来欧亚两洲虽境土相连，谓在乌拉尔山以南，里海以北，两洲之间并无自然的分界，但在十六世纪以前，中国与欧洲之间，除蒙古帝国短期外，总有异族异教之人居中隔离。在这种环境之下，中西的关系不但要看双方的需要及意志如何，还要靠中欧之间的区域有适合的情形。在这个条件不能圆满的时候，中西的关系就完全断了。即在这个条件能圆满的时候，中西的关系大部分是间接的：货物的交换及彼此的认识都是由第三者转递与介绍。严格说来，历上古与中古中西各自成一个世界、一个文化系统。自欧亚直接航路发现以后，第三者的阻碍成为不可能，其介绍亦成为不必要。自十六世纪到现在，世界史的最重要方面之一是

↑15–17世纪是大航海时代，欧洲的船队出现在世界各地的海洋上，以寻找着新的贸易路线和贸易伙伴，西班牙和葡萄牙无疑是其中的先驱者。从某种意义上来说，大航海时代为整个世界的近代史拉开了序幕。图中是15–16世纪时，葡萄牙人用来航海的大帆船，船尾的建筑是指挥部。

←葡萄牙人迪亚士和达·伽马相继发现好望角和通往东方的航路，西班牙人哥伦布则发现了美洲新大陆，在航海取得伟大成就的背景下，欧洲民众对航海的想象也反映在日常生活的用具中，图中为一只绘画着探险船的葡萄牙陶碗。

东西的融化，或者我们应该说，是全世界的欧化。

为什么欧亚的航路到十五世纪末年始发现呢？这个问题不是一言两句所能解答的。就地理说，这个大发现之迟到很自然。中西的发展是背道而驰的。欧洲发展起始于东南而趋向于西北。欧洲最早的文化及政治中心是希腊，其次是罗马，最后才是西欧，愈到后来愈离中国远了。等到大西洋沿岸的国家有了相当的成熟，欧洲的历史始入海洋时期。中国的发展方向正与欧洲相反：中国的发展是由北而南的。中国的史家虽大书特书汉唐在西域的伟业，其实这不是中华民族的正统。中国的政治势力、文化及人民渡长江而逐渐占领江南以及闽粤，这一路的发展才算得我民族事业的正统。等到闽粤成熟了，然后我们更进而向南洋发展。明永乐及宣德年间的海外盟事不是偶然的、无历史背景的。那时南洋，甚至印度洋，似乎是我们的势力范围。郑和的时代就是葡萄牙航海家亨利王的时代。无怪乎中国与葡萄牙人初次的见面仪式是在印度河沿岸举行的。我们可以说，十六世纪以后的中西关系是数千年来双方历史的积势所蓄养而成的。那么自然会愈演愈密切而愈重要了。

在欧洲历史未入海洋时期以前，西方没有一个国家把提倡海外发展当做政府的大事业。西人来中国者多半为个人的好奇心、利禄心或宗教热忱所驱使。他们的事业是私人的事业；他们没有国家或民族做他们的后盾，就是欧洲中古最著名的东方旅行家——马可·波罗——并未得到任何欧洲政府的援助。他的事业，在当时，与欧洲任何国家或民族的国计民生都没有关系。到葡萄牙人发现好望角的时候，欧洲的局势就大不同了。至少在西欧，葡萄牙、西班牙、法兰西、英吉利已成立了民族国家。在十六世纪末年，荷兰亦经革命而独立。这些国家的国王和权贵无不以提倡海外发展为政府及民族的大事业。那帮在海外掠财夺土的半海盗半官商居然成了民族的英雄。文学家又从而赞扬之。在十六、十七世纪的欧人眼里，国家的富强以及灵魂的得救，都靠海外事业的成败。个人冒险而到海外去奋斗的，不但可以发大财，且得为国王的忠臣、民族的志士和上帝的忠实信徒。这种人的运动是具有雄厚魄力的。他们在历史上发起了、推动了一个不可抑遏的潮流。

李鸿章所谓“数千年来未有之变局”就是这样开始的。

CAVRVS·CHORVS·VEL·IAPIX·SIVE·ARGESTES
CIRCIVS
VEL·TRESIAS
SEPTENTRIO·VEL·APARCTIAS
FAVONIVS·ZEPHIRVS
EVROPA
LIBIA·INTERIOR
AFFRICA
ARABIA·FELIX
ETHIOPIA·INTERIOR
AFRICVS·VEL·LIBS
LIBONOTVS·EVROAVSTER
AVSTER·VEL·NOTVS

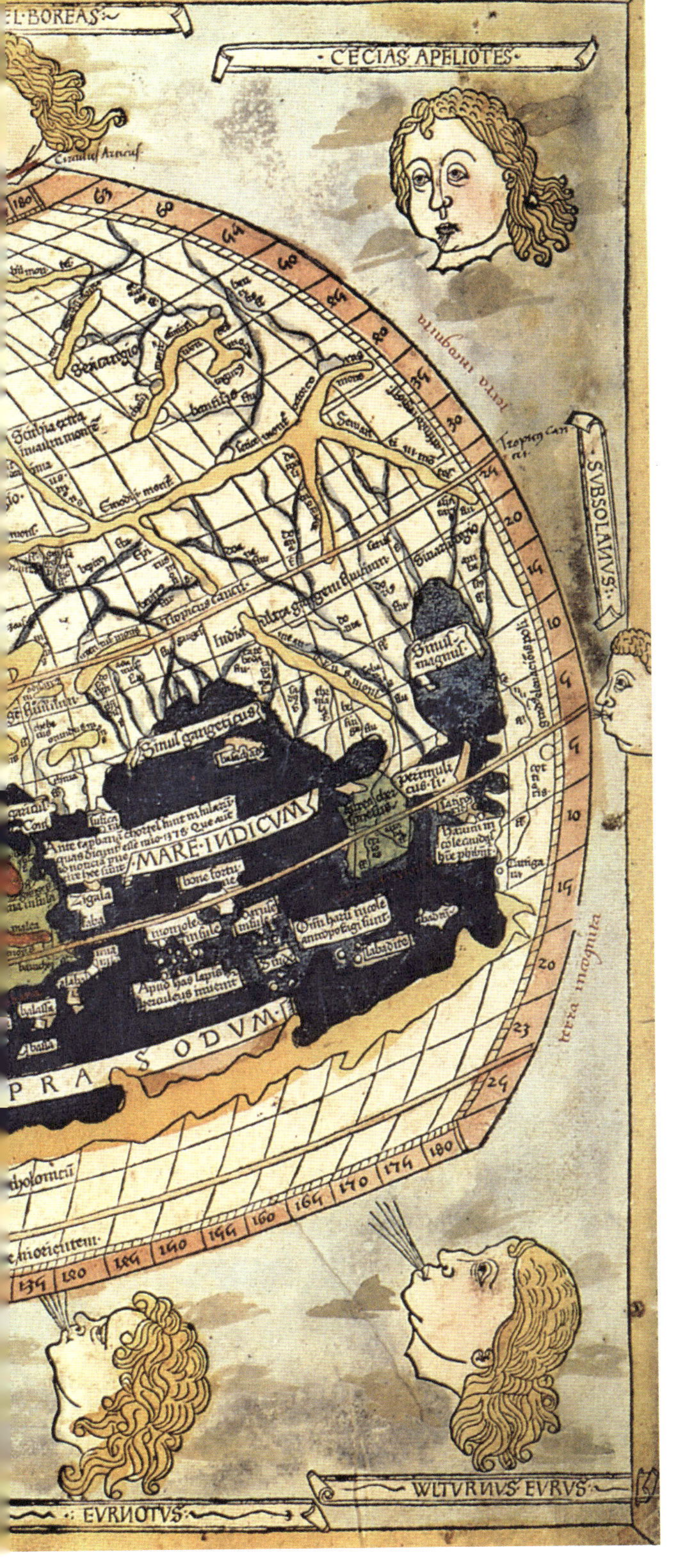

中西关系的大变局起始于大航海时代，但大航海时代则必须以科学技术的发展为前提。比如，当时欧洲的一些航海地图逐渐准确起来，开始标明港湾和航线。航海地图的出现为欧洲人的远洋探险提供了信心，同时也为新航路的开辟提供了有利的条件。图中就是15世纪时的一张地图，选自托勒密的《地理学指南》，在哥伦布发现美洲新大陆以前，它是最权威的世界地图。

2. 欧洲人的蚕食

葡萄牙的大航海家迪亚士（Bartholomew Diaz)于一四八六年，明成化二十二年，发现了好望角。十二年以后，明弘治十一年（1498年），达·伽马（Vasco de Cama）率领小舰队直抵葡人百年努力的目的地印度。在印度西边的各海口，达·伽马采买了印度土产如珍珠、胡椒、细布及香料群岛所产的香料，满载而归。这一次的贸易获利六十倍。弘治十五年（1502年）达·伽马又率领第二次远征队到印度。他带到东方的资本约值二百四十万佛郎；归国后，带回去的东方货物变价到一千二百万。但欧亚贸易，在此以前，是由阿拉伯人及意大利人垄断。他们自然不甘心坐视别人攘夺他们的利源。而葡人尝了滋味以后亦自不乐歇手。正德五年（1510年）的大战决定了最后的胜利属于新兴的葡萄牙。

彼时葡属印度总督阿伯克尔克（Albuqerque）具有极大的野心。他想囊括

达·伽马（约1469–1524年），葡萄牙航海家，从欧洲绕好望角到达印度航海路线的开拓者。达·伽马于1497年7月8日受葡萄牙国王派遣，率船从里斯本出发，船队一路经加那利群岛、好望角、莫桑比克等地，终于1498年5月20日到达印度西南部的卡利卡特。达·伽马发现通往印度的新航路，不仅促进了欧亚贸易的发展，而且也是葡萄牙和欧洲其他国家在亚洲从事殖民活动的开端。

印度洋及南洋各地，创立一个伟大的海洋帝国。正德五年（1510年），他占据印度西岸的大市镇果亚（Goa），且设总督府于此。次年，他的舰队又灭了南洋咽喉的满剌加（Malacca）。此举开了中西冲突之端。原来满剌加自明成祖于永乐元年（1403年）派遣尹庆出使其地宣示威德以后，历年谨修职贡；加上郑和在南洋的活动，尤对中国顺服。葡人灭满剌加就是并吞中国的藩属。中国如何应付这种侵略？《明史·满剌加传》于无意中形容实在极了：

> 后佛郎机强举兵侵夺其地。王苏端妈出奔……遣使告难。时世宗嗣位，敕责佛郎机，令还其故土，谕暹罗诸国王以救灾恤邻之义，迄无应者，满剌加竟为所灭。

换句话说，明世宗仅发了几篇纸上文章以塞宗主的责任。难怪葡人要继续前进占摩鹿加（Moluccas）。明史说："地有香山，雨后香堕，沿流满地，居民拾取不竭。其酋委积充栋以待商舶之售。东洋不产丁香，独此地有之，可以辟邪，故华人多市易。”此段文字虽带浪漫风味，然离事实确亦不远。摩鹿加亦名“香料群岛（Spice Islands）”，所产物品为数百年来欧亚贸易的大宗，也就是葡人及荷兰人在亚洲最注重的。葡萄牙在摩鹿加的侵略，中国更置之不理了。

西班牙的海外发展与葡萄牙同时，最初目的也是要到印度。因为哥伦布不知美洲的存在，误信了从欧洲向西直航为达印度的捷径。后来西班牙人在十六世纪初年发现了墨西哥及秘鲁的金银，才定美洲为他们海外发展的范围。所以麦哲伦（Magellan）虽于一五二一年（正德十六年），发现了菲律宾群岛，等到一五六三年（嘉靖四十二年）西班牙人始复来经营此地；再等七年，始占吕宋。中国与吕宋的关系比与满剌加或美洛居更密切。明史说：“先是闽以其地近且饶富，商贩者至数万人，往往久居不返，至长子孙。”西班牙人对于中国

麦哲伦（1480-1521年），葡萄牙人，世界著名探险家、航海家和殖民者。1519年，麦哲伦在西班牙国王的资助下率领一只船队开始进行他梦想已久的环球航行。1521年，当麦哲伦率船队来到菲律宾群岛的时候，因插手当地土著人的纠纷而在战斗中被杀死。此图描绘的就是麦哲伦率领船员与当地土著人战斗的场景。

人实在是去留两难：留之则恐华人势力太大，致不能制；去之则岛上经济受损失。且中国人也去不尽，因为“华商嗜利，趋死不顾，久之复成聚”。西班牙人采取了一个折中办法：华人太多的时候驱逐些或屠杀些；平时则收重的人丁税。万历二十一年（1593年），驱逐过一次。三十一年（1603年）屠杀过一次，中外记载皆说死难者约二万五千人。崇祯十二年（1639年），又屠杀过一次，彼时华侨共三万人，死者占三分之二。万历三十二年（1604年），中国尚移檄吕宋：“数以擅杀罪，令送死者妻子归。”到崇祯年间，连一篇纸上文章都无暇发了。这样，我民族又丧失了在菲律宾的发展范围。

荷兰在爪哇也是这样对付华侨的。

这三国及后来的英国的侵略也是南洋的大变局。在欧洲人未到南洋之前，华侨是那些地方的社会及经济的最高层，甚至有执当地政府柄者。倘这种趋势能继续推演，则群岛未尝不可成为海外的新闽粤。可惜西人势力到达南洋的时候，中国无以应付，侨胞遂永远寄人篱下了。

有明一代，一方面闽粤的人民自动地冒万险到南洋各地去谋生，一方面政府至少在永乐及宣德年间，似乎又极端重视中国在南洋的势力。海外发展的条件岂不是齐备了？何以在十六世纪又这样的拱手让人呢？西人的船坚炮利及十六世纪的明廷之无远略当然是要紧的缘故。比这样的缘故还根本的是当时中国的特殊国情。明代政府及人民的海外事业各有其动机，且彼此不相关。历有明一代，广州市舶司提举——海关监督——的肥缺全是太监的专利。政府所派到南洋去的代表，如郑和、尹庆，又都是太监。他们的使命虽说得冠冕堂皇，什么为国家扬威宣德，其实他们的目的岂不是为太监们去招徕？近人谈唯物史观者，好以地主阶级或资产阶级的私利解释中国的历史。如要勉强用阶级斗争来解释历史，我们以为在中国应特别注重官吏阶级。这个阶级有其特殊的立场与主观。虽出身是从地主或资产阶级，官吏只为官吏而施治，并不代表任何人，唯其如此，明朝政府始能一面派使出洋扬威宣德，一面禁止人民出洋及坐视外人压迫在外的侨民。实际在政府方面，明朝海外事业的动机就是太监的私利。这个动机哪能促进民族运动呢？拿这种动机来与西人的动机比较，岂不是有霄壤之别吗？

3. 葡萄牙设法通商

从满剌加，葡萄牙人更进而到中国东南的洋面，初次在武宗正德十一年（1516年）。此举中国又如何应付呢？当时中国并不守闭关主义。在葡人未来之先，中国沿海的通商已有相当的发展。暹罗、占城，苏禄、渤泥、爪哇、真腊、锡兰山、苏门答腊、甘榜格兰等国常有船只往来中国。但同时我们没有所谓国际贸易或通商条约，因为中国的政治观念，尤其自南宋以后，总以天朝自居，“一统无外，万邦来朝”。根本否认有所谓“国际”者存在，所谓通商，就是进贡，市舶是随贡舶来的。我的朋友张君德昌直称明正德以前通商为贡舶贸易时期。凡来通商的无不尊中国为上国，而以藩属自居。在藩属方面，他们进贡以表示他们的恭顺；在上国方面，我们许其贸易，并不因为我们利其货品或税收，“不过因而羁縻之而已”。这是双方条件的交换。因此，倘番邦偶不恭顺，我们就“停市”。这是当时中国国际关系的理论。在此理论之上，我们

当葡萄牙人来到中国之时，明王朝还严守着中国古代的职贡制度。此图是明代大画家仇英的《职贡图卷》之一，描绘的正是渤泥国使团正在向明王朝朝贡路上的情景。渤泥国是东南亚的一个古代小国，位于加里曼丹岛北部地区，即今日的文莱，其含义为“生活在和平之邦的海上贸易者”。

设了各种法规，其中最紧要的是贡有定期，舶有定数。但是久而久之，这个理论及法规都成具文，其结果是贡舶其名，通商其实，甚至外人不到贡期或全不进贡的也来做买卖了。

此中原因复杂，容待下文讨论。葡人初来广州的是从满剌加坐中国商船来的，贸易未发生困难。第二次，正德十二年（1517年），西人的记载说：华人初见其船只之大及葡人的容貌奇异，要拒绝通商；后见其行为和平，巡海水师又得重贿，就许了葡人在上川岛停船贸易。从第三次起，正德十三年（1518年），中葡发生许多冲突。由冲突到妥协经过四十年，最后的妥协方案就是中国近代世界的大变局之第二步。

冲突的发生，第一由于葡人行为凶暴。“剽劫行旅”、“掠买良民”、“恃强凌弱诸国”等形容词屡见于当时的奏章。并且这些形容词不是虚诬的，西人的记载可作参证。其实在十六世纪，欧人到海外去的可以做商客，也可以做海盗，当时道德观念并未明定这两种人的善恶，不独葡萄牙人如此。至于给事中王希文所说的："烹食婴儿。犬羊之势莫当，虎狼之心叵测"，及庞尚鹏所说的："喜则人而怒则兽，其素性然也。"虽不免历代言官的夸大，亦可表示当时一部分人的印象。葡人这种凶暴，不但危害了中葡关系，且影响了全盘中西关系，因为时人当然把葡人当做西人的代表看待，而他们的行动容易使中国人以看待历代夷狄的眼光来看待他们。初次的印象是不容易消抹的。

葡萄牙人大概从满剌加的华侨及广州沿海的商人处探知了中国的贡舶贸易制度，所以他们初次到中国的时候，亦借口进贡。但是进贡须朝廷许可，得列藩封以后始可执行。葡萄牙之灭满剌加是他进贡资格的大障碍。正德十五年（1520年）年底，御史丘道隆曾说过：

> 满剌加乃敕封之国，而佛郎机敢并之，且啖我以利，邀求封贡，决不可许。宜却其使臣，明示顺逆，令还满剌加疆土，方许朝贡。倘执迷不悛，必檄告诸藩，声罪致讨。

葡萄牙的使者虽到了南京及北京，因满剌加的缘故及使团人员的失礼，于世宗嗣位之初（1521年），惨败而归：其舌人亚三伏法，正使汤姆·皮雷斯（Thome Pires）死于广东监牢。

但是正德、嘉靖年间的中国人的心理也不是这样简单。经过几次交战，尤其是嘉靖二年（1523年）新会西草湾、二十六年（1547年）漳州及二十八年（1549年）诏安等役，我们知道了葡人火炮的厉害。"御史何鳌言佛郎机最凶狡，兵械较诸藩独精。前岁驾大舶突入广东新会城，炮声殷地。"西草湾之役，中国得了几尊火炮，海道副使汪鋐送至北京，说其大者能击五六里。《明史》加了一句："火炮之有佛郎机自此始。"于是"佛郎机"又成了利炮的别名了。我们虽与葡人打了好几次仗，且是得胜了的，他们仍继续前来。《明史》说："吏兹土者（在广东做官的人）皆畏惧莫敢诘。"

除威胁外，葡人尚可利诱。利有好几种：有通商自然之利、法内之利，亦有法外之利。嘉靖八年（1529年）左右：

巡抚林富言互市有四利。祖宗朝诸藩朝贡外，原有抽分之法，稍取有余足供御用：利一。两粤比年用兵，库藏耗竭，借以充兵饷，备不虞：利二。粤西素仰给粤东，小有征发即措办不前，若番船流通，则上下交济：利三。小民懋迁为生，持一钱之货，即得辗转贸易，衣食其中：利四。

林富所奏的是国计民生，法内之利；此外尚有官吏从互市所得的陋规。此种法外之利之大又非吾人所能想象者。因此地方官吏，在林富以前（及以后），“甚有利其宝货，佯禁而阴许之者”。

林富论民生的一节也不透彻。据西人的记载，中国沿海的居民无不乐与外人交易，只要交易是和平的，朝廷尽管要闭关，士大夫尽管倡攘夷，平民能做买卖必定要做。久而久之，统治阶级亦无可奈何，即清高者不过骂一句“奸商”或“汉奸”以了之。现代如此，十六世纪早已如此。在中外商业的开辟之过程中，中外的商人有许多时候是利害相同，因而互助的。正人君子，往往把这种互助当做狼狈为奸看，其实君子反自然，商民顺自然。中国士大夫对“商”没有正确观念，所以中华民族在应付近代世界的大变局之中有时不免自作孽了。

我们的传统观念既把正路堵塞了，中外的商人就不得不走邪路。天启年间，荷兰人想在广州通商遭拒绝以后，用了一个新方法。《明史·荷兰传》有这一段：

海澄人李锦及奸商潘秀、郭震久居大泥，与荷兰人习。语及中国事，锦曰：“若欲通贡市，无若漳州。漳南有澎湖屿，去海远，诚夺而守之，贡市不难成也。”其酋麻韦郎曰：“守臣不许奈何？”曰：“税使高寀嗜金银甚。若厚贿之，彼特疏上闻，天子必报可。守臣敢抗旨哉？”酋曰：“善。”

潘秀及郭震诸人于是负命回福建去运动。高寀不但甘愿，且努力促成其事。他派了“心腹周之范诣酋，说以三万金馈寀，即许贡市。酋许与之，盟已就矣”。但别的官吏或因分赃不均，或因不敢违旨开禁，不承认这个私约，事就作罢。

此种记载，倘无旁证，似难可信。幸而英国东印度公司亦有同类记录。这时英商企图在华通商苦无门可入。东印度公司日本经理柯克司（Richard Cocks）于是联络长崎华商会的会长替他运动。天启元年（1621年）一月，柯克司报告公司说：“中国老皇帝已传位于其子，新皇帝已许我国每年派两只船去通商。地点定在福州。现在所缺的只是当地督抚的许可。”几个月后，他又写信给公司说：“中国商会会长负责交涉通商权利者已返平户。他说特许状已得到了。他又说他费了一万二千两的运动费。如公司的经理现在不理他，他必致破产。”这个商会的会长似乎是个买空卖空的投机者，因为这种活动没有先疏通北京而后再来对付地方官吏的。

我们近代对付西洋的方法不外采用西洋的枪炮及雇用西洋的军人。西人近代对付我们不外学我们疏通衙门的秘诀，且雇用汉奸替他们跑衙门。双方均在那里仿效对方的长处。

现在我们应能了解十六世纪中西互市问题的上层理论及法规和下层的事实。究竟促成互市的动机大于禁止互市的动机。因这种基本的趋势，当时虽有许多人反对，皇帝终发明诏许葡人在广东通商。

最初明令特许的通商地点是浪白滘。葡人最初在此岛旁就船为市，后来移居岛上。嘉靖十四年（1535年），都指挥黄庆“纳贿请于上官，移舶口于濠镜”，由葡人“岁输课二万金”。“濠镜”就是澳门的别名。葡萄牙与澳门的关系是这样发生的。黄庆为什么要替葡人出力，他“纳贿”的钱从哪里来，中籍无明文的记载。西籍则说葡人善于运用金钱与中国官吏周旋。嘉靖十四年（1535年）中国还只许葡人在澳门停船：

三十二年（1553年）番舶托言舟触风涛愿借濠镜地暴诸水渍贡物，海道副使汪柏许之。初仅茇舍。商人牟奸利者渐运瓴甓榱栋为屋。佛郎机遂得混入。高栋飞甍，栉比相望。久之遂专为所据。

当时的官吏既然一面畏惧“佛郎机”，一面又利其互市，还是让葡人在澳门居住为最方便。况且官吏很能自圆其说：如果在岛上，则“巨海茫茫，奸宄安诘，制御安施”；一旦移居澳门，则“彼日所需咸仰给于我，一怀异志，我则制其死命”。原来澳门面积甚小，与内地的交通仅靠莲花茎一路：倘有冲突，中国只须抽退工人，断其接济，就“制其死命”了。这是中国官吏在十六世纪从经验得来的一个极省事而又极灵效的“驭夷”秘诀。葡人移居澳门等于把生命财产搬进一个葫芦里而让中国看守葫芦口。为守口严密起见，万历二年（1574年）中国筑了一道闸墙横断莲花茎，墙中留门，启闭由中国驻防军队主持。中国在澳门又立税关，置县丞，葡人年纳地租五百两。此外中葡并没有别的关系。葡人好几次派代表到北京，中国看同琉球、暹罗的贡使，葡人亦未抗议。这样，中国保存了“天朝”的尊严，而地方人民和官吏以及葡萄牙都做了他们的好买卖。这个妥协方案既顾到了上层的理论和法规，又适合于下层的事实及欲望。这是我们应付近代世界的大变局之第二步。《明史》说：“……终明之世，此番固未尝为变也。”

4. 国外殖民势力更替

终明之世，葡人所以未为大患，不仅因为中国有了“驭夷”的秘诀。此外有别的缘故在。葡人在澳门虽受中国种种限制，但中国货物除由华商运到南洋及日本，再由荷商或英商运到欧洲外，余概须经过葡人之手始能到欧洲。这种中国与欧洲贸易的垄断每年给葡人百万两的净利。果亚总督给葡人商船来澳门的特许状价值高达七十万两。所以葡人自得澳门后，不但不想进取，反竭力地联络中国来避免第三者的分润。且葡萄牙的帝国政策最注重的是香料群岛及印度，并不是中国。其国内的经济政策不好，在海外所得的财富不经过葡人之手，终流到英荷法诸国。万历八年（1580年），其本国且为西班牙所兼并。因此荷兰及英国与西班牙为敌者亦与葡萄牙为敌。葡属殖民地一部分就被英荷瓜分了。葡萄牙海上称雄仅在十六世纪，到了十六世纪末年，他已自顾不暇，更谈不到进取。

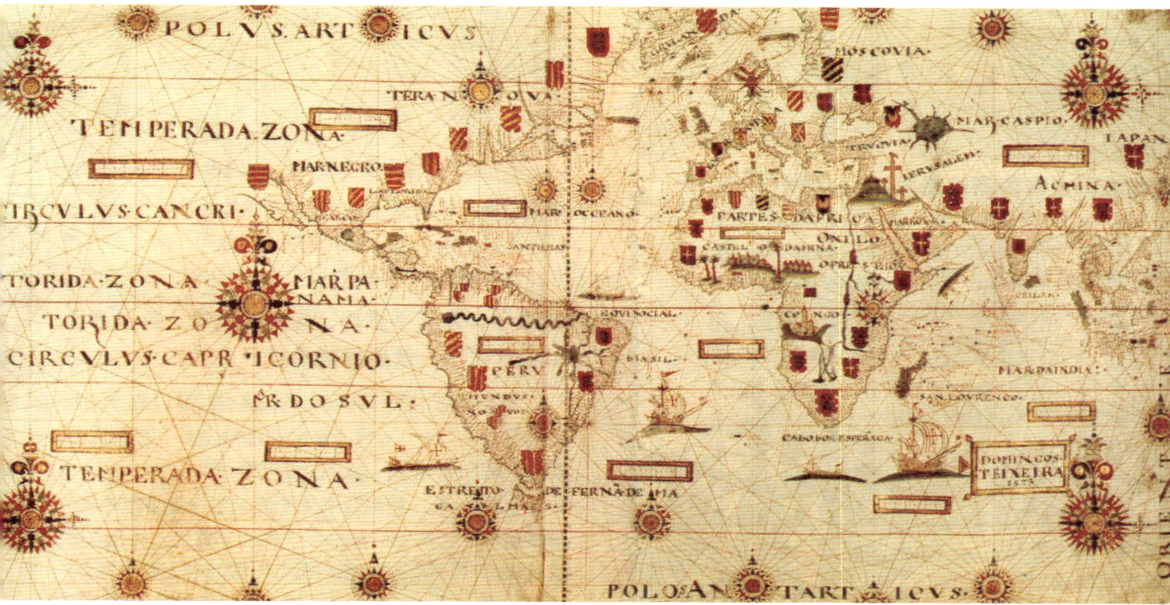

大航海时代的先驱是葡萄牙和西班牙，随着地理大发现，两国遂产生争夺势力范围的纠纷。为了平息两国纷争，教皇出面进行调节，两国于1494年签订《托尔德西里亚斯条约》，在佛得角以西约1770公里处，从北极到南极划一条分界线，史称“教皇子午线”，线东归葡萄牙，线西归西班牙。从此，西班牙在西半球拥有巨大影响力，而葡萄牙则在巴西、非洲及亚洲地区取得极大影响力。

西班牙也是十六世纪的大海权国，但是天主教皇在分派海外区域的时候，把中国划归葡萄牙去发展。所以中国与西班牙没有要紧的关系。

荷兰与英国的海外事业的起始同在十六世纪末年。最初两国合作以抗西班牙。两国在亚洲都设有专利的东印度公司。这两个公司初到中国来通商的时候，葡萄牙人竭力怂恿广东官吏反对，因此英荷两国初来通商所遇着的困难反比葡萄牙更多。荷兰东印度公司在广州及澳门失败以后，就于天启二年（1622年）向东北去占澎湖，以图与福建通商。“守臣惧祸，说以毁城远徙即许互市。番人从之。天启三年（1623年），果毁其城移舟去。巡抚商周祚以遵谕远徙上闻。……已而互市不成，番人怨，复筑城澎湖。”后任福建巡抚南居益与荷人屡战，并严断接济，荷人遂弃澎湖而专意经营台湾。

彼时台湾虽未入中国版图，国人在那里垦荒的已经不少。嘉靖末年，海盗林道乾曾据其地。天启初年海盗颜思齐和郑芝龙在此地住过。崇祯中年，芝龙降于福建巡抚沈犹龙，并受了明朝的官职。适福建大旱，芝龙就提倡移民于台湾。“鸿荒甫避，土膏愤盈，一岁三熟，厥田唯上上。漳泉之人赴之如归市。”荷兰人不过在安平、鸡笼、淡水建立货栈和堡垒。“荷兰专治市航，不敛田赋，与流民耦俱无猜。”明亡，芝龙降于清政府，其子成功不从，据厦门一带的地方与清对抗。顺治十七年（1660年）成功进攻南京失败以后，遂率领部队去占台湾，也可说去收复祖业。荷兰人死抗，但在爪哇的公司接济不上，台湾遂于顺治十八年（1661年）完全变为中国人的土地。从此荷兰人与郑氏为仇而偏袒清政府，想趁机得与中国通商。康熙二年（1663年）施琅夺取厦门的时候，荷兰东印度公司曾派船来协助。康熙帝还赏了“荷兰王”缎匹银两。从此公司得在厦门通商。

荷兰东印度公司除以武力协助清政府消灭明朝余党，借以得通商权利外，又屡次派使进京以资联络。中国当然以“请贡”待之。顺治十二年（1655年）“请贡”的时候，世祖曾以“特降敕谕赐其国王”，其中有一段极有趣的话：

> 至所请朝贡出入，贸易有无，虽灌输货贝，利益商民，但念道里悠长，风波险阻，舟车跋涉，阅历星霜，劳动可悯。若朝贡频数，猥烦多人，朕皆不忍。着八年一次来朝，员役不过百人，止令二十人到京。所携货物，在馆交易，不得于广东海上私自货卖。尔其体朕怀保之仁，恪恭藩服，慎乃常赋，祗承宠命。

荷兰人尽管恭顺，他们与中国的贸易仍不能脱贡舶色彩。在十七世纪的前半，荷兰虽曾称雄海上，但其所注重地点是南洋群岛和印度。所以荷兰反明助清的行动虽饶有历史兴趣，中西全盘的关系并没有受荷兰的影响。

英国东印度公司在十七世纪前半对中国的态度更加消极。荷兰在澳门失败了，英人就觉得无试验的必要。驻日的经理虽曾联络长崎华侨商会的会长，但以后怕上当，遂未前进。所需中国货物，英人在南洋或日本从华侨商购置以了事。

1580年，西班牙兼并了葡萄牙，国势达到极盛，成为历史上第一个“日不落帝国”。但在仅仅8年之后的1588年，西班牙“无敌舰队”就惨败在英国人的手下，西班牙帝国开始衰弱，其海上霸权也逐渐被荷兰和英国等新兴国家所取代。图中所绘就是此次战役中，英、西两国舰队正在激战的场景。

东印度公司对中国的消极颇引起英人的批评。崇祯八年（1635年），国王查理一世偕同少数资本家另外组织一个团体，来专营中英之间的贸易。次年，这个团体派了威得尔上尉（Captain John Weddell）率领四大船两小船来华；崇祯十年（1637年）六月驶抵澳门。葡人既不愿英人来分其利，心中又怕威得尔以武力对付，只好虚与委蛇，威得尔急了，就直向虎门驶进。中国官吏的反对，他全置之不理。双方于是备战。八月十二日，武山炮台——虎门炮台之一——开始射击；威氏竭力反攻。交战仅半小时，台上兵丁尽逃了。英兵于是上岸占了炮台，悬上英国的国旗并把台上的炮位搬到船上。所谓虎门的天险，在十七世纪已不能限制西人。九月十日中国放了许多火箭喷筒以图焚毁英国船只。这种火攻之法也没有发生效力。威氏说：“谢谢上帝，我们没有一人受伤。”以后他大事报复：烧了好几只中国水师船，毁了一个村庄，并从村里“拿走了三十头猪”。经过这些硬仗之后，官吏和葡人都知道总须想个收场的办法。终

郑成功收复台湾后仅4个月即病逝，随后由其子郑经、其孙郑克塽前后治理台湾22年。1683年7月8日，清政府派福建水师提督施琅率水陆官兵2万余人、战船200余艘，向澎湖、台湾进发。郑军溃败后，郑克塽率众归顺清政府。从此，台湾重新纳入中国中央政府的统一管辖之下，成为国家统一整体中不可分割的组成部分。此图名为《钦定平定台湾凯旋图》，出自康熙朝的宫廷画师之手，描绘了从台湾凯旋而回的清朝舰队。

究威氏做了点买卖，但他也担保不再来中国。

不久英国发生革命。革命以后，东印度公司于康熙三年（1664年）派船一只来华。那时适经大乱之后。澳门景象十分萧条。葡人口口声声地诉苦，说“鞑靼”人如何蛮横，船一进口便不许出。这船白纳了二千两的船钞，原货皆装回去。与中国直接通商既然这样困难，公司改在台湾设法。康熙九年（1670年），公司居然与“国姓爷”郑经定了通商的协定：公司得在台湾及厦门通商，但须输进若干火药及炮位。五年以后，公司在厦门设立总栈，在台湾分栈。除供给军火外，尚派人教练郑氏的炮兵。虽然，买卖仍旧不能发达，因为郑氏在大陆上所辖土地有限，并且年年缩小。到了康熙二十年（1681年）郑氏失厦门，大陆上就无寸土了。康熙二十二年（1683年），郑克塽薙发投降，台湾也入了清朝的版图。东印度公司驻华经理之失望可想而知。最奇怪的是，英人并未因协助郑氏而以后吃亏，正如荷兰人之未因协助清政府而占特殊便宜。

其实在十七世纪，英荷海权膨胀的时候，中国与西欧的关系并无新发展。在明末清初的时候，英荷两国虽同因通商对中国的内战有所偏袒，但并没有影响以后的关系。在这百年之内，近代世界大变局，在东南方面，进入了一个凝滞时期。

近年因为纪念徐文定公，国人对于明末清初的传教事业特别注意。当然，在十七世纪，外国传教士能在中国居官受爵，著书立说，中国高层的士大夫竟有信奉天主教者，这都是饶有兴趣的事实。但是在朝廷方面——无论是明还是清——外国传教士的地位是一种技术专家的地位。朝廷所以用他们，不过因为他们能改良历法及制造佛郎机炮及红衣炮。士大夫与传教士接近者究竟不多，信教者更少。且这少数信教者岂不是因为那时的天主教加了浓厚的儒教的色彩？我们从乾嘉道咸时代的艺术著作里能找出多少西洋科学方法及科学知识的痕迹呢？十七世纪的传教事业虽然带了不少英雄的风味，究未在中国引起一种精神运动，中国的文化依然保留了旧观。倘若没有近百年的发展，这事业在中国历史上不过如景教一样而已。

5. 康熙帝的外交

十七世纪的大变动，不在传教或沿海的通商，而在全亚洲北部之更换主人翁。

俄国人于万历七年（1579年）越乌拉尔山而进西伯利亚。此后勇往直前，直到太平洋为止。崇祯十一年（1638年），其先锋队遂在鄂霍次克（Okhotsk）海滨建设鄂霍次克城。六十年内，全亚洲北部入了俄国的版图，其面积有四百万平方英里，比欧洲俄罗斯还大一倍。

中俄在黑龙江流域的战争和交涉，我已撰有专文（《最近三百年东北外患史》，原载《清华学报》，中央日报社近有影印本）讨论此事。这里我仅须指出有关于中国国际地位者。

第一，俄国未占西伯利亚以前，中西的接触仅在东南沿海一带；占领以后，中西的接触加添了北疆的长线。从欧亚关系史看，我们可以说，自十七世纪起，欧人分两路侵略亚洲。一路自海洋而来，由南而北，其侵略者是西洋海权国；一路自陆地而来，由北而南，其侵略者是俄罗斯。两路的侵略，合起来，形成剪刀式的割裂。全亚洲，连中国在内，都在这把剪刀口内。这是亚洲近代的基本形势，诚数千年未有的变局。

第二，当时人虽不知道这个变局的重要，但在应付上，他们的成功是中国近代外交上空前绝后的。根据康熙二十八年（1689年）的《尼布楚条约》，不但黑龙江、吉林及辽宁三省完全是中国的领土，即现今俄属阿穆省及滨海省也是中国的领土。《尼布楚条约》的东北是大东北，因其总面积几达到二百万平方公里，比现在的东北大一倍有余，也可称为全东北，因其东北南都到海，都有海口，其他有外兴安岭的自然界线——在交通上及国防上，那时的东北是完全的。

我们在十七世纪能得这种成绩，一面是因为机会好，一面是因康熙皇帝处置得当。彼时西伯利亚的交通极不方便；俄国在远东的国力极其薄弱；俄人对远东的地理知识亦极缺乏；俄国最大的希望是与中国通商；因此，我们的外交困难并不甚大。同时康熙皇帝在军备上不遗余力，在外交上则不为过甚。尼布楚的交涉方式最值得我们注意。事前，代表团得着皇帝批准的确切的训令，所以交涉的目的是固定的。在交涉的时候，我方代表全未以上国的使者自居，中俄双方概以平等相待。《尼布楚条约》是中西最早的条约，也是中西仅有的平等条约。彼时三藩之乱已经平定，清朝的江山已经稳固。何以康熙帝独于此时放弃“一统无外，万邦来朝”的态度呢？若说满人在那时尚未完全接受汉人的传统，所以能以平等待外人，那么在顺治年间，满人的汉化程度更低，应该更能以平等待人。顺治年间给荷兰人的“敕谕”，我们在上文里已经引过：其态度的高傲也就够了。并且顺治十三年（1656年），俄国特使背喀甫（Baikoft）到北京的时候，因“行其国礼，立而授表，不跪拜。于是部议来使不谙朝礼，不宜令朝见，却其贡物，遣之还”。十七年（1660年），俄国使者又因“表文矜夸不逊，不令陛见”。在顺治年间，俄国已期意与中国和平交涉，无奈这些体制问题把交涉的路堵塞了。康熙的态度诚难解释，但此态度是外交顺利的一个成因，这是毫无问题的。

《尼布楚条约》的第六条也表示康熙时代朝廷态度的特别。这一条说：

康熙帝是历代帝王中对科学最重视、最感兴趣的一位，比如他会向来华传教士学习代数、几何、天文和医学等方面的知识，而且他对西方的文化也感兴趣。

康熙帝不光学习西方科技的理论，而且还能将之用于实践。比如，当他发现原来的地图绘制方法落后时，便于康熙四十六年（1707年）委任耶稣会士雷孝思、白晋、社德美及中国学者何国栋、明安图等人，运用当时最先进的经纬图法、三角测量法、梯形投影技术等在全国大规模实地测量。终于在康熙五十七年（1718年）绘制成《康熙皇舆全览图》，这幅地图被称为是当时世界地理学的最高成就。

在军事上，康熙帝任用比利时人南怀仁负责设计监造了大量的火炮。这些火炮，其“工艺之精湛，造型之美观，炮体之坚固，均为后朝所莫及”。

“两国之间既已成立本和好友谊条约，一切人民均可完全自由地从一国到对方国，唯必须携带护照，证明他们是得允许而来的。他们并可完全自由交易。”平等对待及自由贸易可解释尼布楚外交成绩的大部分。中国外交史上的大成绩是由平等对待及自由贸易中得到的，不是从独自尊大、闭关自守的传统中得来的：这件事值得吾人的深思。

6. 外交策略不进反退

康熙二十二年（1683年），三藩之乱平定了，台湾也收复了，从此清朝统一了中国。于是清圣祖不但下决心来解决黑龙江一带的中俄问题，且在沿海通商制度上，辟了一个新局面。此前在军事时期，清廷曾禁人民下海，甚至强迫沿海居民迁居内地，以免他们接济“叛逆”。康熙二十三年（1684年），圣祖下明诏开海禁。这个谕旨虽准许了国人下海，并没有明文许外人进口，但是事实上无论哪国人要到广州、厦门、福州、宁波来通商，中国一视同仁。所以在十七世纪末年及十八世纪来中国通商的，如奥国（双鹰国）、普鲁斯（单鹰国）、丹麦（黄旗国）、美国（花旗国）、比利时、法兰西均没有遇着葡萄牙在十六世纪及英荷在十七世纪初年所遇着的困难。

同时清廷正式设海关监督，规定粤海关由内务府派，闽海关由福州将军兼，浙海关及江海关的由各省巡抚兼。按法律，中国的旧关税制度完备极了、公道极了。圣祖的训谕说：“各省关钞之设，原期通商利民以资国用”；“国家设关榷税，必征输无弊，出入有经，庶百物流通，民生饶裕”。世宗的旨趣相同：“国家之设关税，所以通商而非累商，所以便民而非病民也。”高宗也说过：“朕思商民皆为赤子，轻徭薄赋，俾人民实沾惠泽，乃朕爱养黎庶之本怀。”户部颁有税则，其平均率不到百分之五，比《南京条约》以后的协定税则还要低廉。防弊的法令也极森严：

> 一、各关征税科则，责令该管官详列本榜，竖立关口街市，并责令地方官将税则刊刷小本，每本作价二分，听行户颁发遵照。倘该管官将应刊本榜不行设立，或书写小字悬于僻处，掩以他纸，希图高下其手者，该督抚查参治罪。地方官将应刊税则下行详校，致有舛漏，或更扶同徇隐者，并予严参。
>
> 二、各关应征货税，均令当堂设柜听本商亲自填簿，输银投柜验明放行。其有不令商亲填者，将该管官严加议处。

很明显的，中国自十七世纪末年起，已有了法定的、公开的海关税则。

实际上，中国海关收税的情形不但离高尚道德甚远，且与法律绝不相符。直到鸦片战争，外商不知中国的税则的模样。历康雍乾嘉四朝，外人索看海关税则多次，每次概被衙门拒绝。关税分两种：船钞与货税。照户部的章程，船钞应丈量船的大小而定：大船约纳一千二百两，中船约九百六十两，小船约五百四十两。实际除船钞外，还须“官礼”。在十七世纪末年，官礼的多少，每次须讲价。到康熙末年，十八世纪初年，官礼渐成固定：不问船的大小，概须送一千九百五十两，比正钞还多。货税也有正税及“陋规”。陋规最初也是由收税者及纳税者临时去商议，到康熙末年，大约已达货价百分之六，比正税亦大。雍正初年，杨文乾以巡抚兼关监督的时候，官礼报部归公，于是官吏在货税上加了百分之十的陋规，名曰“缴送”。正税及各种陋规总起来约当百分之二十，这是中国实行的税则。

这种税则虽重，但在十八世纪尚未发生困难。彼时进口货少，出口货多。

中国的税收百分之八十来自出口货。这种货物，因中外市价的悬殊，能纳重税。英国东印度公司在广州出银二十两买茶一担，纳出口税不过三两八钱（其中正税仅二钱），到伦敦即能批发到四十两以上。且同时英国茶叶的进口税比中国的出口税还重。

通商的地点的选择，在法律上虽自由，实际无自由。浙、闽、粤三省的官吏虽都欢迎外商，但各处都有特殊权利的华商垄断市场，即所谓“皇商”、“总督商”、“将军商”、“巡抚商”，等等。这班人是商人想借用政治势力以图操纵市场呢，还是官吏利用走狗来剥夺商利呢？还是官商狼狈为奸呢？在厦门，康熙四十三年（1704年），“皇商”组织公行，行外之人概不许与外人交易。从此厦门的市价全由公行操纵，外商苦极了。宁波（实际交易在珠山）不但有特殊权利商人，有时官吏简直自定价格，强迫外人交易。在十七世纪末及十八世纪初年，外商只能从各口彼此竞争占点便宜。最初他们侧重厦门，后来侧重宁波，最后侧重广州。康熙十五年（1676年）以后，中外通商实际只有广州一口，因为广州市面较大，官利的贪索亦比较有分寸。

广州尝了专利的滋味以后，绝对不肯放手。所以乾隆二十年（1755年），英商复想到厦门及宁波的时候，广州的官吏及商人联合起来，在北京运动。他们达到了目的，从乾隆二十一年（1756年）起，广州成了法定的唯一通商地点。

从十八世纪中叶起，外人的通商不但限于广州且限于广州的十三行。十三行的专利实由于环境的凑迫。第一，与外商交易者总是资本比较大的华商，此中有一种自然的专利。第二，外人嫌中国海关衙门纳税的手续过于麻烦，所以常把纳税的事务委托中国商人去办。官吏于是指定少数更殷实的商家担保外人不漏税走私。这个责任甚大，保商没有团结不足以当之，倘团结而没有专利亦是得不偿失。得了专利以后，官吏又觉得保商应负更大的责任，于是保商不但要担保外人不漏税走私，且要担保外人安分守己，换言之，管理外人的责任也到了十三行身上去了。在十八世纪的下半期，广州外商及外船的水手逐渐增多而杂。中国官吏所定的禁令也就多而且严了。

这些禁令的烦琐简直是现在的人所不能想象或理解的。“番妇”不得来广州。“夷船”开去以后，“夷商”不得在广州逗留，他们必须回到澳门或随船回国。“夷商”出外游散只能到河南花地，每月只许三次，每次不得过十人，并需有“通事”随行。“外夷”不许坐轿。“外夷”不许学习中文，购买中国书籍。“外夷”移文到衙门必须由十三行转，必须用“禀”，只许用“夷”字，不许用汉字。“外夷”只许租用十三行。仆役有限数，且须由十三行代雇。每年开市之初（秋末），官吏把这些禁令宣布一次，并训令十三行好好地开导那帮不知礼义廉耻的外夷。禁令的实在用意不外三种：（一）防止外人开盘踞之渐；（二）防止外人通悉中国政情以俾官吏的奸弊无从告发；（三）防止外人熟悉中国的商情，以便行商得上下物价。行商执行这种禁令的方法不外劝免疏通；倘不行，则宣布停止贸易；再不行，则撤退外人的仆役，断绝接济。因这种利器用了多次，每次都见了效，官吏遂以为“驭夷”易如反掌。

我们在十八世纪末年应付近代世界的大变局，又放弃了十七世纪末年康熙皇帝的比较开明的态度而回到明末的模样。

7. 马戛尔尼来华

幸而在十八世纪与中国通商的最重要的对手是英国东印度公司，公司的政策由股东决定，股东的目的在红利。东印度公司在中国买卖既大赚钱，其他一切也就将就过去了。又幸而在十八世纪，中国很像一个强大的帝国，而印度适于是时瓦解。英国的注视是在印度与法国的对抗。所以英国只想用外交的方法来修改中国的通商制度。

是时在广州的外商觉得他们所受的限制和压迫多半出自地方官吏，非皇帝所知道，更非皇帝所许可。倘若在地方交涉，通商的制度是不能更改的；倘若由政府派公使到北京去交涉，或有一线希望。乾隆五十三年（1788年）英国外交部遂采纳这个办法。不幸英国这次所派来的公使在中途死了，使团也就折回去了。次年，两广总督福康安授意东印度公司的经理们，希望公司派代表到北京去贺高宗的八旬万寿。经理们一则恐怕此中有奸谋，代表或将被扣留为质；二则怕见皇帝的时候，必须行三跪九叩礼，遂未接受福康安的意思。后来公司的董事以为经理们失了一个绝好的机会，于是决计假补行祝寿为名再派公使来华。

在筹备这使团的时候，英国人费尽心力，要使团在可能范围内迎合中国人的心理，同时做西洋文明——尤其是英吉利文明的活广告，使中国人知道英国也是礼仪之邦，且是世界大帝国之一。英国外交部给马戛尔尼（Lord Macartney）的训令不过讲交涉大纲，其细则由马氏临行斟酌。大使所行的礼仪应表示中英的平等，不卑不亢，但不可拘泥形式。交涉的目的在扩充通商的机会和联络邦交。第一，英国想在中国沿海得一小区域如澳门一样，俾英商可以屯货在家，主权可以仍归中国，但警察权及对英侨的法权应归英国；在租借区域内，英国可不设军备。第二，中国不愿租地，就加开通商口岸及减少广州的限制。第三，英国可以遵守中国的鸦片禁令。第四，希望英国可派公使驻北京，或间来北京；如中国愿派公使到伦敦，英政府十分欢迎。这是十八世纪末年英国对华外交的方法及目的。

马戛尔尼的使节，在中国方面，自始就另作一回事看待。东印度公司的董事长百灵（Francis Baring）在乾隆五十七年（1792年）的夏季，先发一信给两广总督，报告英廷派使的意思。这封信由十三行的通事译成中文，送呈署督郭世勋，郭氏随奏折送到北京。这信原文第一句是：

> The Honorable the President and Chairman of the Honorable the Court of Directors under whose orders and authority the Commerce of Great Britain is carried on with the Chinese Nation at Canton to the High and mighty Lord the Tsontock or Viceroy of the Provinces of Quantong and Kuangsi Greeting.

译文变为：

> 英吉利总头目官管理贸易事百灵，谨禀请天朝大人钧安，敬禀者。

原文第二句是：

> These are with our hearty commendations to acquaint you that our most Gracious Sovereign His Most Excellent Majesty George the Third King of Great Britain, France and Ireland etc.,etc. Whose fame extends to all parts of the world having heard that it had been expected his subjects settled at Canton in the Chinese Empire should have sent a Deptuation to the Court of Pekin in order to congratulate The Emperor on his entering into the Eightieth year of his age, and that such Deputation had not been immediately dispatched His Majesty expressed great displeasure thereat.

译文变为：

> 我国王兼管三处地方。向有夷商来广贸易，素沐皇仁。今闻天朝大皇帝八旬万寿，未能遣使进京叩祝，我国王心中惶恐不安。

英人费尽了心力要表现平等者的相敬，通事反把琉球安南的口气加在这信上。当时的通事不能也不敢实译，而当时的官吏之所以禁止外人学习中文及用中文移书往来，一部分就占这个纸上的便宜。这种外交是幼稚而又滑稽的。

清高宗度量颇大，虚荣心亦大，马戛尔尼快要到天津的时候，高宗吩咐直隶总督梁肯堂及长芦盐政徵瑞如何招待。

> ……应付外夷事宜，必须丰俭适中，以符体制。外省习气，非失之太过，即失之不及。此次英吉利贡使到后，一切款待固不可踵事增华，但该贡使航海往来，初次观光上国，非缅甸安南等处频年入贡者可比。

高宗对招待虽愿从优，对礼节则极重视。他教徵瑞预为布置：

……当于无意闲谈时，婉词告知，以各处藩封到天朝进贡观光者，不特陪臣俱行三跪九叩首之礼，即国王亲自来朝者亦同此礼。今尔国王遣尔等前来祝嘏，自应遵天朝法度。虽尔国俗俱用布扎缚，不能拜跪，但尔等叩见时，何妨暂时松解，俟行礼后，再行扎缚，亦属甚便。若尔等拘泥国俗，不行此礼，转失尔国王遣尔航海远来祝厘纳赍之诚，且贻各藩部使臣讥笑，恐在朝引礼大臣亦不容也。

马戛尔尼深知中国人重视礼节，也知三跪九叩首必成问题，所以对徵瑞的婉劝和要求早有准备。马氏并不拒绝行三跪九叩首的礼，但他有一个条件：中国须派与他同等级的大臣在英国国王的像前作三跪九叩的答礼。他说他所争的不是他自己的身份，他对中国皇帝愿行最敬的礼节；他所争的是中英的平等，是英国国王的尊严，是要表示英国不是中国的藩属。他把他的办法和苦衷函达当时的首揆和珅。中国拒绝了他的条件，他就决定以见英王最敬的礼来见中国皇帝。

马戛尔尼于乾隆五十八年（1793年）八月十日及八月十三日在热河行宫两次见了高宗，两次都未跪拜。高宗虽敷衍了，赏了他及他的随员不少的东西，心中实在不满意，要官吏暗中设法讽令英人早回国。他所提出的要求，高宗以一道敕谕拒绝一切。

马氏的外交失败是由于中西的邦交观念之不相容。我们抱定“天朝统驭万国”的观念，不承认有所谓“国际”者存在；西方在近代则步步地推演出国际生活及其所需的惯例和公法。马氏的失败证明中国绝不愿意自动地或和平地放弃这种传统观念。因此中国外交史有一大特别：除康熙亲政初年外，中外曾无平等邦交的日子。在鸦片战争以前，中国居上，外国居下；鸦片战争以后则反是。

由现代中国人看来，马氏出使中国毫无直接的成绩可言，这已经够奇了，但连间接的影响也没有，这更奇怪了。马氏在中国境内逗留几及半年。在这时期内，中国官吏与他往来的也不少。有意反对他的如徵瑞、前任粤海关监督穆腾额、前任两广总督福康安，我们不必说。据马氏的日记，和他感情甚好的大吏也不少。直隶总督梁肯堂与他一会于天津，再会于热河。军机大臣松筠陪他

此图名为《万树园赐宴图》，由乾隆时期的宫廷画家郎世宁所作，描绘了乾隆十九年（1754年）五月，乾隆帝在避暑山庄的万树园举行隆重宴会接见厄鲁特蒙古四部之一的杜尔伯特部台吉“三策凌”的场景。1793年，乾隆帝也是在万树园接见了马戛尔尼所率的英国使团。接见完毕后，和珅陪同马戛尔尼游览了避暑山庄，晚上还观看了盛大的焰火晚会、杂技和民间歌舞等。从清政府选择的接见地点来看，确只是将英国也当成了一个前来归化的藩属而已。也就是说，从马戛尔尼踏上旅程的那一刻起，他的使命注定是要失败的。

游万树园，以后又陪送他到杭州。松筠曾办过中俄的交涉，马氏亦曾出使俄国，所以他们甚相得。浙江巡抚升任两广总督的长龄陪他由杭州经江西到广东。就是当时主持朝政的和珅与他见面好几次。这些人——其他官阶更卑的如天津道及天津镇不论——马氏均说对他个人有相当的好感，尤其是松筠和长龄。何以这些人没有因为认识马氏而对外人的态度稍有变更呢？马氏所坐的兵船——比中国的水师船大五倍——及所送高宗的炮位和模型军舰当时也有许多中国人看过。何以他们对西洋军备无丝毫的惊醒呢？英国这次所送的浑天仪实属十八世纪西洋科学及工艺的最精品。何以国人（满汉均在内）没有发生一点觉悟呢？马氏文化使命的失败足证中国绝不会自动地接受西洋的科学和工艺。

马戛尔尼在中国的那一年正是法国革命国会对英国宣战的一年。从乾隆五十三年（1793年）年到嘉庆二十年（1815年），大英帝国的精力都集中对法的作战。远东通商制度的改良只好暂时搁置。同时中国这方也是变故多端。嘉庆元年（1796年），湖北教匪起事，蔓延四川、河南、陕西、甘肃，至嘉庆八年（1803年）始告平定。闽粤海盗蜂起，聚众到八九万人，船三百多只。西人被海盗架去而以重价赎回者有好几次。官吏如何虚报胜仗，如何“招抚”，在广州的外人知道得很清楚。内乱多，军费就多，十三行的捐款也就多了。外人觉得通商的困难日渐增多。等到拿破仑战争一终止，英国政府遂决计再派使来华，以求通商情形的改良。

嘉庆二十一年（1816年），罗尔美都（Lord Amherst，阿美士德勋爵）的使节简直是个大惨败。因跪拜问题，仁宗竟下逐客之令。由北京返广州的时候，沿途的官吏多以白眼相待。西洋人从此知道，要变更中国的通商制度和与中国建立平等的邦交，和平交涉这条路走不通。

8. 英国输入鸦片

到了道光年间，中西都有大变动，使旧的中西关系不能继续存在。

第一，英在十八世纪的下半期有所谓工业革命。在手工业时期，英国出品运至外国者不多，适宜于中国市场者更少。到了拿破仑战争以后，在海外辟市场成了英国新工业的急需要。

第二，自由贸易的学说随着工业革命起来了。以往各种贸易的限制和阻碍，英人视为家常便饭者，到了十九世纪，英人认为野蛮黑暗，非打倒不可，中国的通商制度亦在内。

第三，经过十八及十九世纪初年的战争，大英帝国毫无问题的是世界上最强的帝国。英人往年在广州所能忍受者现在觉得万不能忍了。并且这个帝国以印度为中心。要侵略亚洲别部，英国有印度为大本营、出发地。为维持及发展在印度的利益，英国觉得有进一步地经营亚洲别部的必要。

第四，在十九世纪以前，欧人到海外去传教者全是天主教徒。在十九世纪初年，耶稣教徒也发现他们有传布福音给全世界的神圣使命。在广州的传教士，对于中国各种禁令的愤慨尚在商人之上。

我们试看道光元年（1821年）至道光二十年（1840年），外人在澳门所发表的刊物，及他们写给政府的请愿书或给亲戚朋友的信，我们发现一个共同的要求：解放！他们，不分商人及传教士，都觉得解放的日子应该到了，已经到了。

在东印度公司的末年，驻华经理中之后辈就主张与中国算总账。以往公司的经理只求大事化小，小事化无，现在这帮商人尚唯恐天下无事。在道光十二三年（1832–1833年）的时候，外商已自动地，不顾中国的禁令，到福建、江苏、山东，甚至奉天及高丽去卖鸦片和新的机制纺织品；传教士也跟着他去传教、去施医药。实际上，沿海官吏就无可奈何。林则徐在江苏巡抚任内，遇着一只这样的犯禁的船，也无法对付。

道光十三年（1833年），东印度公司在中国的通商专利取消了。这种专利也是贸易不自由时代的产物，它的取消就是时潮的表现，取消以后，新来的商人多而且杂。他们对于中国的旧制度无经验，也无了解，只觉得这种制度之无理。同时，公司取消以后，保护商业的责任由英国政府负责。以前买卖是公司做的，要办交涉和打仗，费用也是公司出的；以后买卖是商人做的，交涉及打仗都是政府的事情了。所以大决裂的机会就多多了。并且责任既由英国政府直接负担，英国必须派代表常川驻华。这个代表要执行他的职权必须得中国的承认——承认他是外国政府的代表。那时，中国只知道有贡使，不知道有公使、领事。这种承认等于承认中英的平等。我们知道，在乾隆末年及嘉庆末年，中国绝无放弃传统观念的倾向。在道光年间，中国还是旧中国。事实上，在东印度公司取消以后，中英必须发生平等的近代的邦交，而中国的体制绝不容许这种邦交的发生。道光十四年（1834年），中英因此就以炮火相见。那次英国代表不久因病去世，这问题就成为一个大悬案。

换句话说：在道光年间，我们的通商制度及邦交观念是十九世纪的世界所不能容许的。

同时，英国人的鸦片买卖也是我们觉得不应该容许的。

这个鸦片买卖的发展有其商业的自然性。历十七及十八世纪，中国的国际贸易总是有很大的出超，因之白银源源地从欧洲、南北美及印度输进来。西商所苦的是找不着可以销售的进口货。在嘉庆年间，他们始发现鸦片推销之易，但是这种买卖的大发展尚在道光年间。在道光元年（1821年），鸦片进口尚不满六千箱，每箱百斤；到了道光十五年（1835年），已过了三万箱；道光十九年（1839年）——林文忠到广州去禁烟的那一年——过四万箱。中国在道光六年（1826年）初次有入超，从此白银起始出口：西商的困难也从此解决了。倘若英国的工业革命提早百年，倘若英国的工业在十八世纪就能大量地输入中国，那么英商无须鸦片来均衡他们与中国的买卖。那么，中英可以不致有鸦片战争，只有通商战争。那么，我民族可以不受鸦片之毒至如此之深，但我们的农民家庭附属手工业的崩溃又要提早百年。换言之，无论如何，我们是不能逃避外来的压迫的，除非我们的现代化也提早百年。

鸦片买卖的发展，除了有其商业的自然性外，还有一个很重要的政治理由，那就是印度财政的需要。英国自十八世纪中叶战胜法国以后，就成了印度的主人翁，就着手整理印度的行政。整理的方法不外多用英国人为官吏。其结果有两个：一个是行政效率的提高，一个是行政费及军费的提高。印度因此发生财政问题。鼓励鸦片之输入中国是英属印度解除财政困难方法之一，即所谓开源者也。其用心之苦——如中国吸鸦片者的嗜好的探讨，价钱的适合，装包箱之图便宜等——不亚于任何现代的公司推销任何其他货品。

宣宗可说是个清教徒。他不但要禁烟，且禁唱戏。他的俭朴是有名的，连朝服尚不愿换新，只肯补缀。无疑地，宣宗的禁烟是出于至诚的、下了决心的。可是当时官吏的腐败，不是一个皇帝——虽有生杀之权——所能挽回的。所以愈禁烟而烟之输入愈多。我们若参看美国近年禁酒的经验，道光年间禁烟之失败似很自然了。

宣宗及少数的同志为什么要禁烟呢？他们一则觉得鸦片伤害身体，二则因为烟瘾妨害平民职业，三则因为烟瘾减降军队的战斗力。我们若以道光年间的谕旨及奏章为凭，他们禁烟最大的理由还是因为鸦片进口，白银就出口。那时国家没有统计（鸦片按法不能进口，故更不能有进口的统计），他们又怎能知道鸦片进口及白银出口的数目呢？他们的知识一部分得自传闻，因为鸦片买卖已成了公开的秘密，一部分得自推测。他们知道在嘉庆年间，每两银子可换制钱一千文，在道光中年，可换至一千六百文。他们的结论是：银价的提高是因为银子流出外洋。这个结论不尽可靠，因为在道光年间，中国各省铸钱太多，且钱质也太坏。他们所得的传闻往往亦言过其实。正因为他们的运动没有科学的基础，他们的热忱反而加高。

当时在广州有少数留心时务的士大夫共同探讨鸦片问题。顺德人何太青曾主张这个办法："纹银易烟出洋者不可数计。必先罢例禁，听民间自种莺粟。内产既盛，食者转利值廉，销流自广。夷至者无所得利，招亦不来，来者则竟弛关禁而厚征其税。责商必与易货，严银禁罪名。不出二十年，将不禁自绝。实中国利病枢机。"监课书院教官吴兰修很赞成这个主张，自己作了一篇《弭害论》以资宣传，并请了学海堂同事们出来提倡。这些人都是粤东道台许乃济的朋友，他也相信这个主张是唯一可能的办法。在道光十六年（1836年）他做太常寺少卿的时候，他就奏请禁白银出口，不禁鸦片进口但加税，且许人民种烟，希望拿国货来抵制外货。许乃济及他的同志都知道这个办法是下策，但是他们认清禁烟虽是上策，可惜是不能行的上策。御史们如许球、朱鐏、袁玉麟都反对开禁，以为事系天下风化，万不可为，且如能禁白银出口，就能禁鸦片进口。许乃济的办法就打消了。

道光十八年（1838年），黄爵滋奏请治吸烟者以死罪，这是禁烟加严的大呼声。宣宗令各省将军督抚讨论。大多数的人都以为死罪太重，因为太重，地方官吏反不执行了，他们以为贩卖者的罪实大于吸食者。唯独湖广总督林则徐完全赞成。宣宗于是决定吸食与贩卖同时都禁，并派林则徐为钦差大臣，到鸦片贸易大本营的广东去禁烟。

9. 鸦片战争前后

林文忠于道光十九年（1839年）春天到广州。

广东的中外烟商对于朝廷及官吏的禁烟实是司空见惯毫不在乎。他们以为文忠一定是和别的官吏一样，初到任时，摆个架子，大讲禁烟，架子摆得愈大不过表示要钱愈多。他们想拿对付别的官吏的法子来对付文忠。不幸文忠是中国官场的怪物，那就是说，他居然办事认真，说到哪里，就做到哪里。他下令要烟商完全把鸦片交出来。烟商不听令，他就撤退十三行的仆役，断绝接济，派兵封围十三行。这个办法不是文忠独创的，广东几百年来“驭夷”的方法就是这样。他为什么不派兵船到海上去拿烟船呢？因为他知道中国兵船的力量不够。他为什么不分好坏把外商都封锁起来呢？一则因为好坏难分，二则因为三百多个外商之中，只有几个人从来没有做过鸦片买卖。他为什么把英国商业监督义律（Charles Elliot）也封锁起来呢？因为中国与英国没有邦交，不承认有所谓商业监督存在。林文忠全用传统的方法，因为他不知道有别的方法。他是中国纯粹旧文化的产物。他的特别是他忠实地要行孔孟程朱之学，不只口讲而已。

义律知道了没有法子可以对付这个横蛮的钦差，于是以英国政府的名义令英商把所有的鸦片交给他，由他发收据。英商喜出望外，因为他们可以向政府追索财产或其赔偿。这一举是林文忠的大幸，也是他的大不幸。有此一举，他得了两万多箱的鸦片烟，简直一网打尽。他的报告到了北京的时候，宣宗批谕说："朕心深为感动，卿之忠君爱国，皎然于域中化外矣。"同时因为义律玩了这套把戏，他交出的鸦片已不是英商的私产，是英国政府的公产。因此这问题更加严重。

鸦片收了毁了，朝廷升他为两江总督了，普通官吏大可就此收场。林文忠则不然。他要办到底。他令外商具一甘结以后不再做鸦片买卖，如做而被发觉，货则入官，人则处死。不具甘结者，他要他们回国不再来。义律率领英商既不具甘结，也不回国。他的实在理由是要等英国政府的训令然后再作处置。林文忠则以为义律与烟商狼狈为奸，从中取利。所以他就下令禁止沿海人民接济淡水食物，因此在这年秋季中英就兵火相见了。

在义律方面，他这年秋季及次年春季所有的武力仅两只小船，其余都是商船临时应战。他与林文忠两次的冲突，他不叫战争（War），只称报复（Reprisal）。文忠的军事报告不免言过其实，这不是水师提督关天培蒙蔽他，就是他有意欺君。不幸关天培颇负时誉，林文忠的官声素好，所以时人就信他们是百战百胜的。文忠于军备的努力亦言过其实。他买了一只外国旧商船，改作水师练船。他又买了些外国的小炮，在虎门口，他安了一根大铁链子，以防英船的驶进。他令沿海居民办团练，他是相信可以利用"民气"以御外侮的。他自信很有把握，最可惜的是，时人也相信他有把握。到道光二十年（1840年）的夏季，英国水路军队到了中国洋面的时候，他们不攻广州，反攻珠山。文忠及时人的解释是英人怕他的军备!

英国的目的有两个：一个是要得鸦片赔款，一个是要大修改通商制度。英国以为打仗应在北边，交涉更应近北京，不然，不能收速效。所以占了珠山以后，英国交涉员就率领舰队到天津去，在天津负责交涉者是琦善，他对英国武备加以研究以后，就认定中国绝不能与英国战，于是不能不和。适英国政府致中国宰相书为琦善开了讲和之路。该书要求条款甚多，没有一条是当时中国所能接受的。但要求的理由就是林文忠禁烟方法的横暴。琦善把这个交涉当做一场官司办：英人既说林钦差欺负了他们，那么查办林则徐岂不可以了事？以中国皇帝的命令去查办中国的疆吏不但无损国体，反足以表示中国的宽大。义律以琦善的态度开明，交涉不能失败，就答应率舰队回广州再议。林则徐闯出大祸，致定海县失守；琦善凭三寸之舌把英军说退了，宣宗就罢免林则徐派琦善去查办。

琦善到了广州，义律又旧话重提。琦善仍主和。英国政府给代表的训令要他们要求中国割一岛，如中国不愿割地，则加开通商口岸。这点选择是中国外交唯一的机会。琦善看到了这个机会，主张不割地，只加开通商口岸。清廷不许割地，也不加开通商口岸；义律则一心要香港。于是主和者的琦善也与英人决裂了。军事失败，以后就订《穿鼻条约》，割香港与英国。清廷得信以后，就把琦善革职拿问。宣宗从此一意主战。

既然主战，宣宗就应该复用林则徐。文忠自告奋勇，愿到浙江去收复失地。在浙督师的裕靖节亦竭力保他能胜任。于是宣宗令文忠到浙江去戴罪立功。不料道光二十一年（1841年）夏季，英国新军将到浙江的时候，宣宗临时又把文忠遣戍伊犁。是以这位自信能“剿夷”，时人也信他能“剿夷”的林则徐终于没有机会可以一现他的本领。

因此，我们的鸦片战争虽败了，大败了，时人绝无丝毫的觉悟。他们不认输。他们以为致败之理由，不在中国军备之不及外人，是在奸臣误国，使林文忠不得行其志。好像两个球队比赛。甲队的导师临时不许其健将某人出场，以后败了，其咎当然在导师，不在球队。在道光年间，中西文化如要比赛的话，无疑的，中国队员的队长自然是林则徐。则徐未得出场，国人当然有以自慰。因此中有这个大波折，国人又酣睡了二十年。

10.“抚夷”的难题

负责办理战事善后者是伊里布及耆英。伊里布秉承琦善的衣钵，而耆英又秉承伊里布的衣钵。他们是“抚夷”派。他们抚夷的方法见于他们所订的《中英南京条约》和《虎门条约》、《中美望厦条约》及《中法黄埔条约》。

中国战争的目的没有达到，因为英国虽不反对禁烟，但反对中国再用林则徐用过的方法。这样一来，禁等于不禁，因为以中国的国力及国情，用文忠的方法尚有一线之望，不用则全无禁烟的希望。

英国战争的目的完全达到了。通商制度大加修改了。我们现在把南京、虎门、望厦及黄埔诸条约当做最早的不平等条约看，因为这些条约里有领事裁判权、协定关税，及片面的最惠待遇。虽然，我们不可就下结论说这些不平等条款是帝国主义压迫我们的工具。道光时代的人的看法完全与我们的两样：他们不反对领事裁判权，因为他们想以夷官按夷法来治夷人是极方便省事的。他们不反对协定关税，因为他们想把税则一五一十地订在条约里可以免许多的争执，并且耆英所接受的协定税则比中国以往国定的税则还要高。他们不反对片面的最惠国待遇，因为他们想不到有中国人要到外国去，其实当时的法令禁止人民出洋。至于租界制度并不是根据任何条约起始的，最早的租界是上海英人居留地（Settlement），由上海道与英国领事订的。原来外人初到上海的时候，他们在城内租借民房，后来中国地方官吏感觉华洋杂居，管理不易；外人亦感觉城内卫生不好，交通不便。为外人划出一特别区或为其居留地是出于双方乐意的。时人并不反对。他们，不论抚夷派或剿夷派，不知道，亦无从知道这些条款之主权的及经济的损失，剿夷派所痛恨的是赔款和五口通商。他们认赔款是输金以养夷，使夷力坐大。他们以为有了五口，那就防不胜防了。其实这五口，上海除外，都是康熙年间曾经有过通商的地点。

最奇怪的是，英人认《南京条约》是中英平等的承认及保障，因为条约规定中英官吏可以平等往来。这一条是剿夷派所不甘心的。

《南京条约》以后，中国以两广总督（最初是广州将军）兼钦差大臣负责处理夷务，而以两江总督副之。我们可以说，在道咸年间粤督是中国的外交总长，江督是次长。此外北京并没有专办外交的衙门。

第一任总长是伊里布，不满一年他就死了。继任的是耆英。鸦片战争以后的通商制度几全成于耆英之手。他抚夷的技术很值得我们注意：

> ……其所以抚绥羁縻之法，亦不得不移步换形。固在格之以诚，尤须驭之以术。有可使由不可使知者，有示以不疑，方可消其反侧者；有加以款接，方可生其欣感者；并有付之包荒，不必深与计较，方能于事有济者。……夷人会食，名曰大餐。……奴才偶至夷楼夷船，渠等亦环列侍坐，争进饮食，不得不与共杯勺，以结其心。且夷俗重女，每有尊客，必以妇女出见。……奴才于赴夷楼议事之际，该番妇忽出拜见。奴才踧踖不安，而彼乃深为荣幸。此实西洋各国风俗，不能律以中国之礼。倘骤加呵斥，无从破其愚蒙，适以启其猜嫌……

耆英所谓“驭之以术”，就是肯与外以交际。这没有什么了不得。但清议骂他“媚外”，因为清议要死守“人臣无私交”的古训。换句话说，鸦片战争以后，时论乃不许中国有外交。

耆英最感困难的是广东民情与夷情之调剂。鸦片战争以后，广东人特别仇恨外人，而外人的气焰自然亦比战前亦高，于是发生许多私斗暗杀事件。耆英不惜以严刑处置暗杀者。御史们骂他“抑民奉夷”。在这种空气之下，发生广州入城问题。广州人坚持不许外人入城，好像城内是神圣之地，不容外夷沾染。英人把这种态度看做侮辱，坚持要入城，以不许入城为违约。耆英左右为难，对人民则竭力开导，对英人则劝其不着急。到了道光二十七年（1847年），英人太不能忍了，于是以武力要挟。耆英不得已与之定约，许两年后进城。《清史稿》说“耆英知终必有衅，二十八年请入觐，留京供职”。这个解释颇近情，因为耆英离开广州以后，官运尚好，“管理礼部兵部，兼都统，寻拜文渊阁大学士”。这样，耆英的脱离外交，似乎不是因为宣宗不信任他了，是因为他自己畏难而退。

11.“剿夷”外交的代价

虽然，这个解释也有困难。宣宗训令他的继任者说：

> 唯疆寄重在安民：民心不失，则外侮可弭。嗣后遇有民夷交涉事件，不可瞻徇迁就，有失民心……总期以诚实结民情，以羁縻办夷务，方为不负委任。

这就是批评耆英的政策。并且继任者是徐广缙。广缙也是佩服林文忠者之一。他继任之初，就请教文忠驭夷之法，文忠答以“民心可用”。其实耆英的下台及徐广缙的上台不是寻常官吏的调动，是抚夷派的下野和剿夷派的登朝执政。徐广缙秉承林文忠的衣钵，而叶名琛以后又秉承徐广缙的衣钵。可惜徐广缙是个小林则徐，而叶名琛又是个小徐广缙。英法联军祸根就种于此。

徐广缙继任一年以后，耆英两年后入城的条约到期，英人根据此约要求进城。广缙与名琛于是联络地方士绅大办团练，“共团勇至十万余人，无事则各安工作，有事则立出捍卫，明处则不见荷戈持戟之人，暗中实皆折冲御侮之士”。广州官民同心以武力抵抗。英人终觉因入城问题而作战，未免小题大做。于是声明保留权利，以待他日。广缙遂以英人怕百姓，放弃入城之举报告北京。宣宗高兴极了，赏了广缙子爵，名琛男爵，并赐广州人民御书“众志成城”四字。剿夷派外交的起始总算是顺利。

文宗即位（道光三十年正月）以后，剿夷派的势力更大。大学士潘世恩及给事中曹履泰等均谓应该起用林则徐，“庶几宋朝中国复相司马之意”。文宗亦有此意。三十年（1850年）十月，他手笔下诏宣布抚夷派的罪状。咸丰朝的对外态度于此毕露了。

这时适有太平天国的革命，清政府的江山几乎不保，但京内外的藩夷政策并不因此修改。在广东叶名琛自以为很有把握，文宗亦十分信任他。咸丰四年（1854年），英、法、美三国共同要求中国修改通商条约。三国代表到两江及天津去交涉的，地方官吏均答以修约之事只有叶名琛能主持，但是他们到广东去的时候，名琛总是托故不见，最后又回答他们只知守约，不知改约。是时英法正联军助土耳其抵抗俄国，而急于修约的英国亦以为不如等中国内乱之胜负决定后再议，于是搁置修约问题。名琛不知道这个内幕，反自居功，以为他得到驭夷的秘诀了。

其实外人，尤其是英国人，这时已十分不满意旧约。他们以为商业不发达是由于通商地点太少，且偏于东南沿海，长江华北均无口岸；他们又觉得中国内地的通过税太繁，致货物不能流通。外国代表对叶名琛的办事方法也十分愤慨，以为邦交制度非根本改革不可。外人气焰之高，很像鸦片战争以前的样子。

叶名琛于此时给外人以启衅的口实，咸丰六年（1856年），广西西林县杀了一个马神甫。法国代表要求处置，名琛一事推诿。这时拿破仑三世欲得教皇的欢心以维持他的帝位。有了马神甫的悬案，他就师出有名了。同时叶名琛因捕海盗事，与英人起了冲突。于是英法联军，首攻广州。名琛不和不战，终为英人所掳。咸丰八年（1858年），联军由大沽口进据天津。清廷恐京师受扰，于是派

1858年1月5日，英法联军俘获了不战不和的两广总督叶名琛，随即将其押至英舰并送往印度加尔各答，不久死去。图中所绘即是俘虏叶名琛的场景。

1858年6月26日，清政府代表桂良、花沙纳与英国代表额尔金正式签订了《中英天津条约》。图中所绘即为条约签字时的场景，桌后坐着的从左至右依次为花纱纳、额尔金和桂良。

桂良及花沙纳到天津去修约。

天津交涉最严重的问题，第一是北京驻使。士大夫简直以此事为荒谬绝伦，万不可许。第二是长江开通商口岸及内地游行，这样遍地都有外夷，简直防不胜防了。至于减低关税及改内地各种通过税为二五子口税，时人到觉得不值得争。桂良及花沙纳（天津人说，那年桂花不香）以为不签字，则外人必直逼京师；签字则外军可退，中国可徐图挽回。《天津条约》实在可说是城下之盟了。

签字以后，北京就教桂良到上海去"挽回"已失权利。清廷知道若否认条约必致引起战祸，于是有所谓"内定办法"：中国以后完全不收关税，外人放弃北京驻使，长江通商及内地游人。时人以为外夷既唯利是图，以利诱之，他们必就范。桂良到了江南，地方官吏均反对这个内定办法：不收关税则军饷无来源，万一外人接受了这个便宜而同时又不放弃新得的权利，那又怎样？桂良费了九牛二虎之力，疏通英国，结果允不派使驻京。他觉得此外不能再有所得，只好批准《天津条约》。

次年，各国派使到北京去交换批准证书。北京也为他们预备了公馆，以便接待。但各国疑心甚大，所以派兵船护送公使北上。清廷于咸丰八年（1858年）派了僧格林沁在大沽设防，以免外人再据天津。中国原意堵塞海河交通，留北塘一路出入，则外人不能武装进京。外人见了大沽不能通行，遂以为中国有心废约。他们把中国军备看得太轻了。一战的结果，外人大失败。于是英法要复大沽之仇。

咸丰十年（1860年），我们的外交一误于北京不给桂良全权证书——时人以为唯独皇帝可以有全权，再误于捕拿外国交涉员。终至联军入京，毁圆明园，而《天津条约》以外又有所谓《北京条约》了。

剿夷派外交的代价不能不算大。

12. 俄罗斯侵吞国土

上文已经说过，俄国占了西伯利亚以后，中国的国际地位加了一路的侵略。但《尼布楚条约》终究实行了一百六十余年。到了十九世纪中叶，欧人自水路来者的侵略复行积极的时候，自旱路来者的侵略也积极了。剪刀在那里活动了。

俄人最初假道黑龙江出师，以防英法的侵略；次则实行占据江北。等到布置好了，然后与黑龙江将军奕山开始交涉。咸丰八年（1858年），签订《瑷珲条约》，将黑龙江以北的土地划归俄国。咸丰九年（1859年），中国想否认该约。等到英法联军进了北京以后，中国不但无力取消《瑷珲条约》，反又订《北京条约》，把乌苏里江以东的土地让给俄国。中国的大东北缩小了一半，而且俄国得了海参崴，可以角逐于北太平洋。

俄国没有费丝毫之力就得了八十万平方公里的土地，其对华外交的灵敏可说远在英国之上。而且俄国自始至终以中国的“朋友”自居！

图中所绘为俄国沙皇亚历山大二世加冕典礼的盛大场景。亚历山大二世于1855-1881年在位，在俄罗斯的历史上是与彼得一世、叶卡捷琳娜二世齐名的皇帝。他在位期间主持了多项政治改革，如下诏废除了农奴制，制定了把俄罗斯君主制改造为君主立宪制的改革计划。也正是他在位期间，通过与清政府签订《瑷珲条约》《中俄北京条约》及《中俄勘分西北界约记》，使中国失去了150万平方公里的领土，并使中国完全丧失了日本海的出海口。

13. 自强运动的兴起与失败

咸丰十年（1860年）的大挫折终于唤醒了一部分的中国人。在咸丰八年、九年，文宗的亲弟恭亲王奕訢是顽固派之最顽固者，首先提议捕杀外国交涉员的就是他。文宗逃往热河的时候，派他留守北京。咸丰十年的经验给了他及他的助手文祥两个教训。他们从此知道外国的枪炮实非我们所能敌。同时他们发现外国人也讲信义：与外人订了约以后，他们果然遵约退出北京。于是奕訢与文祥决心自强，并且知道中国还可利用外国专门人才以图自强。

适此时曾国藩、李鸿章、左宗棠诸疆吏因与太平天国战，免不了与外人发生关系。他们也得了同样的教训。这五人的努力造成了同治中兴的局面。

他们是中国的第一流政治家，知道中国所处的局势是数千年的变局，而且图以积极的方法应付之。他们的大政方针分两层：以外交治标，以自强治本。这个治本之策是步步发展的。最初不过练洋枪队；继则买制器之器、以图自己

1881年，上海英商瑞记洋行在上海租界内开办华洋德律风公司，架起市内电话线路，从此中国出现了电话。图中显示的是晚清时期电话局内的情景。

清政府先后建立福建、广东、南洋和北洋四支近代化的海军，以求强军御敌。此照片为北洋水师“致远舰”官兵合影，中间站立者即为该舰管带邓世昌。

造船；终而设学校，派留学生，以图自己能制这制器的器具。等到光绪年间，他们进而安电线、开煤矿、修铁路、办海军、设招商局、立纱厂。我们现在以为他们的事业不够，可是我们如知道他们的困难，我们也不批评他们了。时人多怪他们以夷化夏，多方反对。加以事权不一，掣肘者多。政府没有整个的计划，事业的成败要靠主办者个人的势力。

至于治标方面，奕䜣及文祥创立一个总理各国事务衙门来负外交的全责。总署拿定主意谨守条约以避战祸。但是十九世纪的后四十年，外来的压迫节节加紧。这时工业化的国家也多了，各国都须在海外找市场，不像以往只有英国。同时西洋人把达尔文的学说应用于民族之间：优胜劣败既然是天理，强者有助天淘汰弱者之责。所谓近代的帝国主义的狂澜充满了全世界。加之这时在已有的两路的侵略——剪刀式的夹攻——之上，又来一个从东面临头砍杀的日本。治标没有治好，治本也不足济事。甲午之战是自强运动的失败。

14. 尾言

自强失败以后，就是瓜分，瓜分引起民族革命。这是甲午以后，我们对世界大变局的应付。

无疑地，经过三十余年的革命，我们的民族意识大有进步。无疑地，这民族意识是我们应付世界大变局的必需利器。现在的问题是：这民族意识能否结晶，能否具体化。我们是否从此团结一致来御外侮；我们是否因为受了民族主义的洗礼而就能人人以国事为己任：这些条件会决定我们最后对这个大变局的应付的成败。

附录二

琦善与鸦片战争

1. 引言

鸦片战争的终止之日，当然就是道光二十二年（1842年）七月二十四日，中英两国代表签订《南京条约》之日。至于起始之日为何日，则不易定。因为中、英双方均未发表宣战正式公文，并且忽战忽和，或战于此处而和于彼处。此种畸形的缘由，大概有二：一则彼时中国不明国际公法及国际关系的惯例。不但不明，简直不承认有所谓国际者存在。中、英的战争，在中国方面，不过是“剿夷”、“讨逆”。就此一点，我们就能窥测当时国人的心理和世界知识。第二个缘由是彼时中、英两国均未预抱一个必战之心。中国当初的目的全在禁烟。宣宗屡次的上谕明言不可轻启边衅。在道光十八年（1838年）各省疆吏复议黄爵滋严禁鸦片的奏折之时，激烈派与和缓派同等的无一人预料禁烟会引起战争。不过激烈派以为倘因达到禁烟目的而必须用兵以迫“外夷顺服”则亦在所不惜。在英国方面，自从律劳卑（Lord Napier）以商业监督

（Superintendent of Trade）的资格于道光十四年（1834年）来华而遭拒绝后，英政府的态度就趋消极。继任的监督虽屡次请训，政府置之不理。原来英国在华的目的全在通商。做买卖者，不分中外古今，均盼时局的安定。我们敢断定：鸦片战争以前，英国全无处心积虑以谋中国的事情。英政府的行动就是我们所谓“将就了事，敷衍过去”，英文所谓“Muddle along”。英国政府及人民固然重视在华的商业，而且为通商中、英已起了好几次冲突，不过英国人的守旧性甚重，不好纷事更张，因为恐怕愈改愈坏。及林则徐于道光十九年（1839年）春禁烟锢英商与英领以迫其缴烟的信息传到英京之时，适当巴麦尊爵士（Lord Palmerston）主持英国的外交。此人是以倡积极政策而在当时负盛名的。他即派遣舰队来华，但仍抱一线和平的希望，且英国赞成和平者，亦大有人在。倘和议不成而必出于一战，巴麦尊亦在所不惜。故鸦片战争的发生，非中、英两国所预料，更非两国所预谋。战争虽非偶然的，无历史背景的，然初不过因禁烟而起冲突，继则因冲突而起报复（Reprisal），终乃流为战争。

鸦片战争，当做一段国际关系史看，虽是如此畸形混沌，然单就中国一方面研究，则显可分为三期。第一期是林则徐主政时期，起自道光十九年（1839年）正月二十五日，即林以钦差大臣的资格行抵广东之日。第二期是琦善主政时期，起自道光二十年（1840年）七月十四日，即琦善与英国全权代表懿律（Admiral George Elliot）及义律（Captain Charles Elliot）在大沽起始交涉之日。第三期是宣宗亲自主政时期，起自道光二十一年（1841年）二月六日，即琦善革职拿问之日，而止于道光二十二年（1842年）七月二十四日的《南京条约》，在专制政体之下，最后决断权，依法律，当然属于皇帝；然事实上，常常有大臣得君主的信任，言听计从。此地所谓林则徐及琦善主政时期即本此意而言。缘此，林的革职虽在道光二十年（1840年）九月八日，然自七月中以后，宣宗所信任的已非林而为琦善，故琦善主政时期实起自七月中。自琦善革职以后，直到英兵破镇江，宣宗一意主战。所用人员如奕山、奕经、裕谦、牛鉴等不过遵旨力行而已。虽有违旨者，然皆实违而名遵，故第三期称为宣宗主政时期，似不为无当。

三期中，第一期与第三期为时约相等，各占一年半。第二期——琦善主政时期——为最短，半年零数日而已。在第一期内，严格说，实无外交可言。因为林则徐的目的在禁烟，而禁烟林视为内政——本系内政——不必事先与外人交涉，所采步骤亦无需外人的同意。中、英往来文件，在林方面，只有“谕示”；在英领义律方面，迫于时势，亦间“具禀”。此时义律既未得政府训令，又无充分的武力后援，他的交涉，不过图临时的相安，他的军事行动不过报复及保护在华英人的生命和财产。到第三期，更无外交可言。双方均认为交涉无望，一意决战。后来英兵抵南京，中国于是屈服。在此三年半内，唯独琦善主政的半年曾有过外交相对的局势。在此期之初，英国全权代表虽手握重兵，然英政府的训令是叫他们先交涉而后战争，而两代表亦以迅和以复商业为上策。训令所载的要求虽颇详细，然非完全确定，尚有相当伸缩的可能。在中国一方面琦善的态度是外交家的态度。他的奏折内，虽有“谕英夷”、“英夷不遵劝诫”字样，但他与英人移文往来，亦知用“贵国”、“贵统帅”的称呼。且他与英人面议的时候，完全以平等相待。至于他的目的，更不待言，是图以交涉了案。故琦善可说是中国近九十年大变局中的第一任外交总长。

这个第一任外交总长的名誉，在当时，在后代，就是个“奸臣”和“卖国贼”的名誉。不幸，琦善在广东除任交涉以外，且署理两广总督，有节制水陆军的权力和责任。攻击他的有些注重他的外交，有些注意他的军事。那么，琦善外交的出发点就是他的军事观念。所以我们先研究琦善与鸦片战争的军事关系。

2. 琦善与鸦片战争的军事关系

道光二十一年（1841年）二月初间虎门失守以后，钦差大臣江苏巡抚裕谦上了一封弹劾琦善的奏折。他说："乃闻琦善到粤后，遣散壮勇，不啻为渊驱鱼，以致转为该夷勾去，遂有大角、沙角之陷。"裕靖节是主战派首领之一，也是疆吏中最露头角的人。他攻击琦善的意思不外林则徐督粤的时候，编收本省壮丁为团勇。琦善到粤则反林所为而遣散之。这班被撤的壮丁就变为"汉奸"，英人反得收为己用。此说的虚实，姑不讨论：倘中国人民不为中国打外国，就必反助外国打中国，民心亦可见一斑了。

靖节的奏折上了不满二月，御史骆秉章又上了一封，措辞更激烈："窃惟逆夷在粤，滋扰几及一年。前督臣琦善到粤查办，将招集之水勇，防备之守具全行撤去。迨大角、沙角失事，提镇专弁赴省求援，仅发兵数百名，遣之夜渡，惟恐逆夷知觉，以致提督关天培、总兵李廷钰在炮台遥望而泣。"这样说来，琦善的罪更大了：除遣散壮勇之外，还有撤防具陷忠臣的大罪。骆文忠原籍广东花县。折内所言，大概得自同乡。他为人颇正直。道光二十一年（1841年）以前，因查库不受贿已得盛名。故所发言辞，不但足以左右当时的清议，且值得我们今日研究。

此类的参奏不必尽引，因为所说的皆大同小异。但道光二十一年（1841年）六月，王大臣等会审的判词是当时政府最后的评定，也是反琦善派的最后胜利，不能不引。“此案琦善以钦差大臣查办广东夷务，宜如何慎重周详，计出万全。该夷既不遵照晓谕，办理已形猖獗，即当奏请调兵迅速剿除。乃妄冀羁縻，暂以香港地方许给，俾得有所借口。于一切防守事宜，并不预为设备，以致该夷叠将炮台攻陷，要隘失守，实属有误机宜。自应按律问拟。琦善合依守备不设失陷城塞者斩监候律，拟斩监候，秋后处决。”这个判词实代表当时的清议。所可注意者，政府虽多方搜罗琦善受贿的证据，判词内无受贿的罪名。

但是当时的人不明了琦善为什么要“开门揖盗”，以为必是受了英人的贿赂。战争的时候，左宗棠——同、光时代的恪靖侯——正在湖南安化陶文毅家授课。道光二十一年（1841年）他致其师贺蔗农的信有一段极动人的文章：“去冬果勇杨侯奉诏北行。有人自侯所来云：‘侯言琦善得西人金巨万，遂坚主和议。将恐国计遂坏伊身。’昨见林制府谢罪疏，末云‘并恐彼族别生秘计’云云，是殆指此。诚如是，其愚亦大可哀矣。照壁之诗及渠欲即斩生夷灭口各节，情状昭著。炮台失陷时，渠驰疏谓二炮台孤悬海外，粤东武备懈弛，寡不敌众，且云彼族火器为向来所未见，此次以后，军情益馁。无非欺君罔上，以和为主。张贼势而慢军心，见之令人切齿。”左的信息得自“自侯所来”者。果勇侯杨芳原任湖南提督，于道光二十一年（1841年）正月八日放参赞大臣，驰驿前往广东，剿除逆夷。他于正月二十一日接到了这道上谕，二月十三日行抵广东省城。他在起程赴任之初即奏云：“现在大局或需一面收复定海，一面准其于偏岸小港屯集货物。”换言之，浙江应与英人战，广东应与英人通商以求和。自然宣宗以为不妥。抵广东后他就报告：“预备分段援应，共保无虞。”但是他所带的湖南兵为害于英人者少，为害于沿途及广东人民者反多。三月初，果勇侯又有“布置攻守机宜”的奏折，说：“城厢内外民心大定，迁者渐复，闭者渐开，军民鼓勇，可期无虞。”宣宗当然欣悦之至：“客兵不满三千，危城立保无虞。若非朕之参赞大臣果勇侯杨芳，其孰能之？可嘉之处，笔难宣述。功成之日，伫膺懋赏。此卿之第一功也。厥后尤当奋勉。”后来的奋勉或者有之；至于第二功则无可报了。虽然，败仗仍可报胜仗，自己求和仍可报外夷“恳求皇帝施恩，准予止战通商”。皇帝远在北京，何从知道这就是杨芳日后顾全面子的方法。左宗棠的信息既间接得自果勇侯，就不足信；何况果勇侯传出这信息的时候，既在途中，亦必间接得自广州来者？至于琦善“欲即斩生夷灭口”之说，遍查中外在场人员的记载均未发现。独在湖南安化乡中教书的左先生知有其事，且认为“情状昭著”，岂不是甚奇了！

同时广东的按察使王庭兰反说他屡次劝琦善杀义律而琦善不许。他写给福建道员曾望颜的信述此事甚详：“义律住洋行十余日。省河中夷船舢板数只而已，不难擒也。伊亦毫无准备，有时义律乘轿买物，往来于市廛间。此时如遣敢死之士数十人除之，直囊中取物耳。乃屡次进言于当路，辄以现在讲和，未可轻动。是可谓宋襄仁义之师矣。”琦善倘得了“西人金巨万”，授之者必是义律；“欲即斩生夷灭口”，莫若斩义律。琦善反欲效“宋襄仁义之师”，岂不是更奇了！王庭兰的这封信又形容了琦善如何节节后退：“贼到门而门不关，可乎？开门揖盗，百喙难辞。”王庭兰既是广东的按察使，他的信既由闽浙总督颜休焘送呈御览，好像应该是最好的史料。不幸琦善在广东的时候，义律不但未“住洋行十余日”，简直没有入广州。这封信在显明的事实上有此大错，其史料的价值可想而知了。

琦善倘若撤了广州的防具，撤防的原动力不是英国的贿赂，这是我们可断定的。但是到底琦善撤了防没有？这是当时及后来攻击琦善的共同点，也是琦善与鸦片战争的军事关系之中心问题。道光二十年（1840年）的秋末冬初——宣宗最信任琦善的时候——撤防诚有其事，然撤防的责任及撤防的程度则大有问题在。

宣宗是个极尚节俭的皇帝。林则徐在广东的时候，大修军备，但是宣宗曾未一次许他拨用库款。林的军费大概来自行商及盐商的捐款。道光二十年

（1840年）六月七日，英军占了定海。于是宣宗脚慌手忙地饬令沿海七省整顿海防。北自奉天，南至广东，各省调兵、募勇、修炮台、请军费的奏折陆续到了北京。宣宗仍是不愿疆吏扣留库款以作军费。当时兵部尚书祁寯藻和刑部右侍郎黄爵滋正在福建查办事件。他们同闽浙总督邓廷桢及福建巡抚吴文镕会衔，建议浙江、福建、广东三省应添造大船六十只，每只配大小炮位三四十门。“通计船炮工费约需银数百万两。”他们说：“当此逆夷猖獗之际，思卫民弥患之方，讵可苟且补苴，致他日转增糜费。”宣宗不以为然。他以为海防全在平日认真操练、认真修理，“正不在纷纷添造也”。此是道光二十年（1840年）七月中的情形。

八月中，琦善报告懿律及义律自大沽带船回南，并相约沿途不相攻击，静候新派钦差大臣到广东与他们交涉。宣宗接了此折，就下一道上谕，一面派琦善为钦差大臣，一面教他“将应撤应留各兵分别核办”。琦善遵旨将大沽的防兵分别撤留了。

九月初四，山东巡抚托浑布的奏折到了北京，报告英国兵船八只于八月二十二日路过登州，向南行驶。托浑布买了些牛羊菜蔬“酌量赏给”。因此，“夷众数百人一齐出舱，向岸罗拜，旋即开帆南驶。一时文武官弁及军吏士民万目环观，咸谓夷人如此恭顺，实出意料之外”。宣宗以为和议确有把握，于是连下了两道谕旨，一道“着托浑布体察情形，将前调防守各官兵，酌量撤退归伍，以节糜费”；一道寄给盛京将军耆英，署两江总督裕谦及广东巡抚怡良：“着详加酌核，将前调防守各官兵分别应撤应留，妥为办理。”适同日闽浙总督邓廷桢奏折到京，报告从福建调水勇八百名来浙江。宣宗就告诉他，现在已议和，福建的水勇团练应分别撤留，“以节糜费”。是则道光二十年（1840年）九月初，琦善尚在直隶总督任内，宣宗为“节省糜费”起见，已令沿海七省裁撤军队。

琦善于十一月六日始抵广东。他尚在途中的时候，沿海七省的撤防已经实行了。奉天、直隶、山东与战争无关系，可不必论。南四省中首先撤防者即江苏。裕谦于十月三日到京的折内报告，共撤兵五千一百八十名，并且“各处所雇水陆乡勇亦即妥为遣散”。十月十七日的报告说陆续又撤了些：“统计撤兵九千一百四十名。”广东及浙江撤兵的奏折同于十一月一日到京。怡良说：“查虎门内外各隘口，兵勇共有万人。督臣林则徐前次奉到谕旨，当即会同臣将次要口隘各兵陆续撤减二千余名，臣复移咨水陆各提镇，将各路中可以撤减者再为酌核情势，分别撤减以节縻费。”撤兵的上谕是九月初四发的，罢免林则徐的上谕是九月初八发的。怡良所说广东初次撤兵是由林与他二人定夺，此说是可能的。怡良署理总督以后，又拟再撤，但未说明撤多少。伊里布在浙江所撤的兵更多。照他的报告共撤六千八百名，共留镇海等处防堵者五千四百名。南四省之中，唯福建无撤兵的报告。

总结来说，与鸦片战争有关系的四省，除福建不明外，余三省——江苏、浙江、广东——均在琦善未到广东以前，已遵照皇帝的谕旨实行撤兵。江苏所撤者最多，浙江次之，广东最少。广东在虎门一带至少撤了二千兵勇，至多留了八千兵勇。道光二十年（1840年）秋冬之间，撤防诚有其事，并且是沿海七省共有的，但撤防的责任不能归于琦善，更不能归于他一人。

琦善未到任以前的撤防虽不能归咎于他。他到任以后的行动是否“开门揖盗”？道光二十年（1840年）十二月和道光二十一年（1841年）二月的军事失败是由于琦善到任以后的撤防吗？散漫军心吗？陷害忠臣吗？

琦善初到广东的时候，中、英已发生军事冲突，因为中国守炮台的兵士攻击了义律派进虎门送信而挂白旗的船只。这不但犯了国际公法，且违了朝廷的谕旨，因为宣宗撤兵的上谕已经明言：除非外人起衅，沿海各处不得开火。琦善本可惩办，但他在奏折内不过说：“先未迎询来由，辄行开炮攻打，亦不免失之孟浪。”接连又说：“惟现在正值夷兵云集诸务未定之时，方将激励士气，借资震慑而壮声威。若经明白参奏，窃恐寒我将士之心，且益张夷众桀骜之胆。”同时他一面咨行沿海文武官吏，在未攻击之先，须询明来由；“一面仍以夷情叵测，虎门系近省要隘，未便漫无提防，随饬委署广州府知府余保纯、副将庆宇、游击多隆武等前往该处，妥为密防。”是则琦善不但不愿散漫军心，且思“激励士气”；不仅未撤防具，且派员前往虎门“妥为密防”。

十二月初，和议暂趋决裂。琦善“遂酌调肇庆协兵五百名，令其驰赴虎门，并派委潮州镇总兵李廷钰，带弁前往帮办。又酌调督标兵五百名，顺德协兵三百名，增城营兵三百名，水师提标后营兵二百名，水师提标前营兵一百五十名，永静营兵一百名，赶赴距省六十里之总路口、大濠头、沙尾、猎德一带，分别密防。并于大濠头水口填石沉船，借以虚张声势，俾该夷知我有备”。总计兵一千九百五十名，不能算多，且广州第一道防线的虎门只五百名，虎门以内大濠头诸地反增一千四百余名。于此我们就可窥测琦善对军事的态度及其所处地位的困难。他在大沽与英人交涉的时候，就力言中国万非英国之敌。到了广东，他的奏折讲军备进行者甚少，讲广东军备不可靠者反多。如在十二月初四所奏的具折内，他说不但虎门旧有的各炮台布置不好，“即前督臣邓廷桢、林则徐所奏铁链，一经大船碰撞，亦即断折，未足抵御。盖缘历任率皆文臣，笔下虽佳，武备未谙。现在水陆将士中，又绝少曾经战阵之人。即水师提臣关天培亦情面太软，未足称为骁将。而奴才才识尤劣，到此未及一月，不但经费无出，且欲制造器械，训练技艺，遴选人才，处处棘手，缓不济急。”琦善对军事既如此悲观，故不得不和；然和议又难成，不得不有军备，“藉以虚张声势”，“俾该夷知我有备”；且身为总督，倘失地义不容辞。但军备不但“缓不济急”，且易招外人之忌，和议更易决裂，故只能“妥为密防”，但只能在虎门内多增军队，所以他犹豫不决。结果国内主战派攻其“开门揖盗”，英人则责其无议和的诚心，不过迁延时日，以便军备的完竣。他们说：“此种军备进行甚速。”（Were going on with the utmost expedition.）英人采先发制人的策略，遂于十二月十五日晨攻击大角、沙角两炮台。

结果中国大失败。两个炮台均失守，水师船只几全覆没；兵士死者约五百，伤者较少；炮位被夺被毁者共一百七十三尊。英人方面受伤者约四十，死亡者无人。防守大角、沙角者约两千人，英兵登陆来攻者共一千四百六十一人，内白人与印度人约各半。此役中国虽失败，然兵士死亡之多足证军心尚未散漫。炮位损失有一百七十三尊，内二十五尊在大角，七十二尊在沙角，余属师船，足证防具并未撤。我们还须记得：在虎门十台之中，大角、沙角的地位不过次要。道光十五年整理虎门防务的时候，关天培和署理粤督祁𡎴就说过：“大角、沙角两台在大洋之中，东西对峙，惟中隔海面一千数百丈，相距较远，两边炮火不能得力，只可作为信炮望台。”平时沙角防兵只三十名，大角只五十名；十二月十五之役，二台共有兵士两千名，不能算少。至于军官及兵丁的精神，外人众口一词地称赞。虽然，战争不满二时而炮台已失守，似无称赞的可能。欧洲的军士对于败敌，素尚豪侠，他们的称赞不能不打折扣。但是我们至少不应说琦善“开门揖盗”。

此役以后，琦善主和的心志更坚决，遂于十二月二十七日与义律订了草约四条。他虽然费尽了心力求朝廷承认草约，宣宗一意拒绝。愈到后来，朝廷催战的谕旨愈急愈严。琦善于无可奈何之中，一面交涉，一面进行军备。他的奏折内当然有调兵增防的报告，但我们可利用英人的调查以评他的军备。正月二十三，义律派轮船Nemesis到虎门去候签订正式条约日期的信息。此船在虎门逗留了四天，看见威远、镇远及横档三炮台增加沙袋炮台（Sandbag Batteries），并说三台兵士甚多。别的调查的船只发现穿鼻的后面正建设炮台，武山的后面正填石按桩以夹道。二月一日，义律亲自到横档，查明自Nemesis报告以后，又加了十七尊炮。二月二日，英人截留了中国信船一只，内有当局致关天培的信，嘱他从速填塞武山后的交通。于是英人确知琦善已定计决战，遂于二月五日下第二次的攻击令。

道光二十一年（1841年）二月五日、六日的战役是琦善的致命之伤，也是广东的致命之伤。战场的中心就是威远、镇远、横档三炮台，所谓虎门的天险。剧烈的战事在六日的正午。到午后二点，三台全失守。兵士被俘虏者约一千三百名，阵亡者约五百名。提督关天培亦殉难。炮位被夺被毁者，威远百零七尊，临时沙袋炮台三十尊，镇远四十尊，横档百六十一尊，巩固四十尊。此役的军心不及十二月十五日。横档的官佐在开战之初即下台乘船而逃，且锁台门以防兵士的出走。然亦有死抗者。失败的理由不在撤防，因为炮台上的兵实在甚多，炮位亦甚多，而在兵士缺乏训练及炮的制造与安置不合法。失败之速则由于关天培忽略了下横档。此岛在横档的南面，镇远的西面。关天培以为横档及威远镇远已足以制敌，下横档无关紧要，故在道光十五年（1835年）整理虎门防备的时候就未注意。不料英人于二月五日首先占领下横档，并乘夜安大炮于山顶。中国的策略只图以台攻船，而二月六日英人实先以台攻台。战争的失败，琦善或须负一部分的责任，但是说他战前不设备，战中节节后退，不但与事实相反，且与人情相反。英人Davis甚至说琦善的军备已尽人事天时的可能。时人及以后的历史学家当然不信中国反不能与“岛夷”敌。他们说中国所以败全由宣宗罢免林则徐而用琦善。他们以为林则徐是百战百胜的主帅，英人畏之，故必去林而后得逞其志。英人在大沽的交涉不过行反间之计。时人持此论最力者要算裕谦。江上蹇叟（夏燮）根据他的话就下了一段断语，说：“英人所憾在粤而弃疾于浙者，粤坚而浙瑕也。兵法攻其瑕而坚者亦瑕。观于天津递书，林邓被议，琦相入粤，虎门撤防，则其视粤也如探囊而取物也。义律本无就抚之心，特藉琦相以破粤东之局。”魏源的论断比较公允，然亦曰欲行林的激烈政策，“必沿海守臣皆林公而后可，必当轴秉钧皆林公而后可”。不说“沿海守臣”及“当轴秉钧”，即全国文武官吏尽是林则徐，中国亦不能与英国对敌。在九龙及穿鼻与林则徐战者不过一只配二十八尊炮的Voyage及一只配二十尊炮的Hyacinth。后与琦善战者有陆军三千，兵船二十余只，其大者如Wellesley，Blenheim，Melville皆配七十四尊炮。然而九龙及穿鼻的战役仍是中国失败；且虎门失守的时候，林则徐尚在广州，且有襄办军务的责任！英国大军抵华以后，不即攻粤而先攻定海者，因为英政府以为广东，在中国皇帝的眼光里，不过边陲之地，胜负无关大局，并不是怕林则徐。当时在粤的外人多主张先攻虎门，唯独《中国丛报》（Chinese Repository）反对此举，但亦说：倘开战，虎门炮台的扫平不过是一小时的事而已。至于去林为英国的阴谋更是无稽之谈。英人屡次向中国声明：林之去留与英国无关系，实则林文忠的被罢是他的终身大幸事，而中国国运的大不幸。林不去，则必战，战则必败，败则他的声名或将与叶名琛相等。但林败则中国会速和，速和则损失可减少，且中国的维新或可提早二十年。鸦片战争以后中国毫无革新运动：主要原因在时人不明失败的理由。林自信能战，时人亦信其能战，而无主持军事的机会，何怪当时国人不服输！

战争失败的结果就是《南京条约》：这是无可疑问的。但战争最后的胜负并不决在虎门，而在长江。《南京条约》的签字距虎门失守尚有一年半的工夫。到了道光二十二年（1842年）的夏天，英国军队连下了吴淞、上海，并占了镇江，而南京危在旦夕，这时候朝廷始承认英国的条件而与订约。正像咸丰末年，英法虽占了广州省城，清廷仍不讲和；直到联军入京然后定盟。琦善在广东的败仗远不如牛鉴在长江的败仗那样要紧。

总结来说：琦善与鸦片战争的军事关系无可称赞，亦无可责备。败是败了，但致败的缘由不在琦善的撤防，而在当时中国战斗力之远不及英国。琦善并未撤防或“开门揖盗”，不过他对战争是抱悲观的。时人说这是他的罪，我们应该承认这是他的超人处。他知道中国不能战，故努力于外交。那么，他的外交有时人的通病，也有他的独到处。现在请论琦善与鸦片战争的外交关系。

3. 琦善与鸦片战争的外交关系

懿律及义律率舰队抵大沽的时候，琦善以世袭一等侯、文渊阁大学士任直隶总督。他是满洲正黄旗人。嘉庆十一年（1806年），他初次就外省官职，任河南按察使，后转江宁布政使，续调任山东、两江、四川各省的督抚。道光十一年（1831年），补直隶总督。鸦片战争以前，中国的外交全在广东。故琦善在官场的年岁虽久，但于外交是绝无经验的。

道光二十年（1840年）七月十四，懿律等到了大沽。琦善遵旨派游击罗应鳌前往询问。罗回来报告说：英人“只谓迭遭广东攻击，负屈之由，无从上达天听，恳求转奏”。此种诉屈申冤的态度是琦善对付英人的出发点，是极关紧要的。这态度当然不是英政府的态度。那么，误会是从何来的呢？或者是义律故意采此态度以图交涉的开始，所谓不顾形式只求实际的办法。或者是翻译官马礼逊未加审慎而采用中国官场的文字。或者是琦善的误会。三种解释都是可能的，都曾实现过的，但断断不是琦善欺君的饰词，因为他以后给英人的文书就把他们当做申冤者对待。琦善一面请旨，一面令英人候至二十日听回信。十七日谕旨下了。十八日琦善即派千总白含章往英船接收正式公文。

此封公文就是英国外部大臣巴麦尊爵士（Viscount Palmerston）致“大清国皇帝钦命宰相”的照会。此文是全鸦片战争最紧要的外交文献。研究此战争者必须细审此照会的原文与译文。译者遵照巴麦尊的训令只求信，不求雅。结果不但不雅，且不甚达。但除一句外，全文的翻译，确极守信。这一句原文是“To demand from the Emperor satisfaction and redress”，译文变为“求讨皇帝昭雪申冤”。难怪宣宗和琦善把这个外交案当做属下告状的讼案办！

这照会前大半说明英国不满意中国的地处，后小半讲英国的要求。中国禁烟的法子错了。烟禁的法律久成具文，何得全无声明忽然加严？就是要加严，亦当先办中国的官吏，后办外人，因为官吏“相助运进，额受规银任纵”。中国反首先严办外人宽赦官吏，岂不是“开一眼而鉴外人犯罪，闭一眼不得鉴官宪犯罪乎”？就是要办外人，亦应分别良莠，不应一概禁锢，“尽绝食物，所雇内地工人，见驱不准相助”。如外人不缴烟土，即“吓唬使之饿死”。不但英国商人是如此虐待，即“大英国家特委管理领事”“亦行强迫凌辱”。这是“亵渎大英国威仪”。因此层层理由，英国第一要求赔偿烟价。第二要求割让一岛或数岛，作为英商居住之地，“以免（日后）其身子磨难，而保其赀货妥当”。第三要求中国政府赔偿广州行商的积欠。第四要求以后中英官吏平等相待。第五要求赔偿战费及使费。倘中国“不妥善昭雪定事，仍必相战不息矣”。照会内虽未提及林则徐的名字，只说“某官宪”，中外皆知英国不满意的禁烟办法，皆是林的行动。照会的口气虽是很强硬，但全文的方式却是控告林的方式。

巴麦尊爵士给懿律及义律的训令有一段是为他们交涉时留伸缩地步的。他说倘中国不愿割地，那末可与中国订通商条约，包括（一）加开通商口岸；（二）在口岸外人应有居留的自由及生命财产的保护；（三）中国须有公布的（Publicly Known）及一定的（Fixed）海关税则；（四）英国可派领事来华；（五）治外法权。除治外法权一项，余皆为国际的惯例，并无不平等的性质，且并不有害于中国。订商约或割地：这二者中国可择其一，这点选择的自由就是当时中国外交的机会。要评断琦善外交的优劣就在这一点。

琦善接到了巴麦尊的照会，一面转送北京请旨，一面与懿律约定十天内回答。廷臣如何计议，我们不能知其详细。计议的结果就是七月二十四日的两道谕旨。一道说："大皇帝统驭寰瀛，薄海内外，无不一视同仁。凡外藩之来中国贸易者，稍有冤抑，立即查明惩办。上年林则徐查禁烟土，未能仰体大公至正之意，以致受人欺蒙，措置失当。兹所求昭雪之冤，大皇帝早有所闻。必当逐细查明，重治其罪。现已派钦差大臣，驰至广东，秉公查办，定能代申冤抑，该统帅懿律等，着即返棹南还，听候办理可也。"此道上谕可说是中国给英国的正式答复。其他一道是给琦善的详细训令。"所求昭雪冤抑一节，自应逐加访察，处处得实，方足以折其心……俾该夷等咸知天朝大公至正，无稍回护，庶不敢借口申冤，狡焉思逞也。"至于割让海岛，"断不能另辟一境，致坏成规"。所谓"成规"就是广东一口通商。行商的积欠，"亦应自为清理，朝廷何能过问"。换言之，广东行商所欠英人的债，英人应该向行商追讨，何得向朝廷索赔？"倘欲催讨烟价，着谕以当日呈缴之烟，原系违禁之件，早经眼同烧毁，既已呈缴于前，即不得索价于后。"这种自大的态度何等可笑！英国所要求者一概拒绝，唯图重治林则徐的罪以了案，这岂不是儿戏！但在当时，这是自然，极正大的办法。"薄海内外无不一视同仁"：这岂不是中国传统的王道？英国既以控告林则徐，中国即以查办林则徐回答：这岂不是皇帝"大公至正之意"？

八月二日，琦善即遵旨回答了英国代表。他们不满意，要求与琦善面议。琦善以"体制攸关"不应该上英国船，遂请义律登岸。八月初四、初五，他们二人在大沽海岸面议了两次。义律重申要求，琦善照圣旨答复。交涉不得要领。最困难的问题是烟价的赔偿。八月十八、十九琦善复与懿律移文交涉。他最后所许者，除查林则徐外，还有恢复通商及赔烟价的一部分二条。"如能照常恭顺，俟钦差大臣到彼查办，或贵国乞恩通商，据情具奏，仰邀恩准，亦未可定。""如贵统帅钦遵谕旨，返棹南还，听钦差大臣驰往办理，虽明知烟价所值无多，要必能使贵统帅（懿律）有以登复贵国王，而贵领事（义律）亦可申雪前抑。果如所言，将有利于商贾，有益于兵民，使彼此相安如初，则贵统帅回国时，必颜面增光，可称为贵国王能事之臣矣。”英国代表于是“遵循皇帝的意旨”（In Compliance with the Emperor）开船往广东并约定两国停止军事行动。

英国政府所以要懿律及义律带兵船来大沽，就是要他们以武力强迫中国承认英国的要求。懿律等在大沽虽手握重兵，然交涉未达目的即起碇回南，且说回南是遵循中国皇帝的意旨。难怪巴麦尊几乎气死了。难怪中国以为“抚夷”成功了。宣宗因此饬令撤防，“以节縻费”，且即罢免林则徐以表示中国的正大。大沽的胜利是琦善得志的阶梯，也是他日后失败的根由。懿律等的举动不但不利于英国，且不利于中国，因为从此举动发生了无穷的误会。但他们也有几种理由：彼时英兵生病者多，且已到秋初不宜在华北起始军事行动。琦善态度和平，倘与林则徐相比，实有天壤之别。他们想在广东与他交涉，不难成功。他们在大沽不过迁就，并不放弃他们的要求。

琦善在大沽除交涉外，同时切实调查了敌人的军备。他的报告和朝廷改变林则徐的强硬政策当然有密切的关系。英国军舰的高大，这是显而易见的。“又各设有大炮，约重七八千斤。炮位之下，设有石磨盘，中具机轴，只须转移磨盘，炮即随其所向。”此外还有“火焰船”，“内外具有风轮，中设火池，火乘风起，烟气上熏，输盘即激水自转，无风无潮，顺水逆水，皆能飞渡”。当时的人如林则徐所拟破夷之法，琦善以为皆不足恃。倘攻夷船的下层，“夷船出水处所亦经设有炮位，是其意在回击也”。若欲穿其船底，则外人水兵“能于深五六丈处，持械投入海中，逾时则入跳跃登舟，直至巅顶，是意在抵御也”。此外还有纵火焚烧的法子，“今则该夷泊船，各自相离数里，不肯衔尾寄碇……是意在却避延烧也”。“泥恒言以图之，执成法以御之，或反中其诡计，未必足以决胜。”这是琦善“知彼”的功夫。

对于这样的强敌，中国有能力可以抵抗吗？琦善说中国毫无足恃。“该夷所恃者为大炮，其所畏者亦惟大炮。”那么，中国正缺乏大炮。譬如在“山海关一带本无存炮，现饬委员等在于报部废弃炮位内检得数尊，尚系前明之物，业已蒸洗备用”。华北如此，华南亦难操胜算。“即如江浙等省所恃为外卫者，原止长江大海。今海道已被该夷游奕，长江又所在可通，是险要已为该夷所据，水师转不能入海穷追。”假设中国能于一处得胜，英国必转攻别处；假使我们能于今年得胜，英国必于明年再来。“欲求处处得胜，时时常胜，臣实不免隐存意外之虞。”“边衅一开，兵结莫释。我皇上日理万机，更不值加以此等小丑跳梁，时殷宸廑。而频年防守，亦不免费饷劳师。”这是琦善“知己”的功夫。

外交的元素不外“理”与“势”。鸦片战争的时候，中英各执其理，各是其是。故中英的问题，论审势，论知己彼的功夫，琦善无疑地远在时人之上。琦善仍是半知半解，但时人简直是无知无解。所以琦善大声疾呼主和，而时人斥为媚外，或甚至疑其受英人的贿赂。

不幸，十一月六日琦善到广东的时候，国内的空气及中英间的感情均不利于和议。伊里布在浙江曾要求英国退还定海，英人不允。朝野因之以为英国求和非出于至诚。在英国方面，因中国在浙江抢夺了二十多个英国人，且给以不堪的待遇，决战之心亦复增加。十一月内，浙抚刘韵珂、钦差大臣祁寯藻、黄爵滋、御史蔡家玕相继上奏，说英人有久据定海的阴谋。朝廷主和的心志摇动。同时义律在广东多年，偏重广州通商的利益，主张在广州先决胜负。所以他在广东的态度，比在大沽强硬多了。中国对他送信的船开了炮，他就派兵船来报复。所以琦善到广东后的第一次奏稿就说义律的词气“较前更加傲慢”。适此时懿律忽称病，交涉由义律一人负责。琦善莫明其妙。“初六日（委员）接见懿律时，虽其面色稍黄，并无病容，然则何至一日之间，遽尔病剧欲回。”……那么此中必有狡计：“今懿律猝然而行，或就此间别作阴谋，或其意见与义律另有参差，抑或竟系折回浙江，欲图占据，均难逆料。”所以琦善就飞咨伊里布，要他在浙江严防英人的袭攻。

这样的环境绝非议和的环境，但广东的军备状况，更使琦善坚持和议。他说广东“水师营务，微特船不敌夷人之坚，炮不敌夷人之利，而兵丁胆气怯弱，每遇夷师船少人稀之顷，辄喜贪功，迨见来势强横，则皆望而生惧”。他第一步工作当然是联络感情和缓空气。他教水师参将致信懿律，“声明未询原委，擅先开炮，系由兵丁错误，现在严查惩办”。如此冲突免了而双方的面子都顾到了。同时他又释放了叱咀吨（Vincent Staunton）。此不过在澳门外人的一个教书先生。因至海岸游泳，民人乘机掳之而献于林则徐以图赏资。英人已屡求释放而林不许。琦善此举，虽得罪了林派，尤为英人所感激。空气为之大变，交涉得以进行。

义律交涉的出发点就是前在大沽所要求的条件：（1）他要求赔偿烟价，首先要二千万元，后减至一千六百万；又减到一千二百万。琦善先许三百万，续加至四百万，又加至五百万。这是市场讲价式的外交。（2）兵费一条，琦善坚决拒绝，“答以此系伊等自取虚糜。我军增兵防守，亦曾多费饷银，又将从何取索？”（3）行商的欠款应由行商赔补。（4）义律允退还定海，但要求在粤、闽、浙沿海地方另给一处。琦善以为万万不可：“假以偏隅尺土，恐其结党成群，建台设炮，久之渐成占据，贻患将来，不得不先为之虑。且其地亦甚难择，无论江、浙等处，均属腹地，断难容留夷人，即福建之厦门一带，亦与台湾壤地相连……无要可扼，防守尤难。”（5）中、英官吏平等一节，琦善当即许可。这是十一月二十一以前交涉的经过。十二月初七的上谕不许琦善割尺寸地，赔分毫钱，只要他“乘机攻剿，毋得示弱”。于是全国复积极调兵遣将了。

这道上谕，十二月二十左右始到广东。未到之先，琦善的交涉又有进展。烟价的赔偿定六百万元，分五年交付。交涉的焦点在割地。义律要求香港。琦善坚持不可：“即香港亦宽至七八十里，环处众山之中，可避风涛。如或给予，必致屯兵聚粮，建台设炮。久之必觊觎广东，流弊不可胜言。”香港即不能得，义律遂要求添开口岸两处。琦善以为“添给贸易码头，较之给予地方，似为得体”。他本意愿添两处，但为讲价计，先只许厦门一处，且只许在船上交易，不许登岸。义律颇讨厌这种讲价式的交涉，遂以战争胁之。琦善虽一面备战，他的实心在求和。他十二月初四所具的折力求朝廷许添通商口岸。粤东防守如何不可靠，他在折内又说了一遍：“盖缘历任率皆文臣，笔下虽佳，武备未谙”；“即前督臣林则徐、邓廷桢所奏铁链，一经大船碰撞，亦即断折，未足抵御”。初六日，义律请他到澳门去面议。他以为“无此体制”，并恐“狼子野心”、“中怀叵测”，只许移文往来。十四日，义律声明交涉决裂，定于明日攻击。琦善的复信尚未发去，中英已开始战争了。

十二月十五日，大角、沙角失守了，琦善的交涉就让步。二十七日遂与义律定了《穿鼻草约》：（1）中国割让香港与英国，但中国得在香港设关收税，如在黄浦一样。（2）赔款六百万元，五年交清。（3）中英官吏平等。（4）广州于道光二十一年（1841年）正月初复市。在英国方面，即时退还定海。此约是琦善外交的结晶。最重要的就是割让香港。在定约的时候，琦善已经接到了不许割地、不设赔款的谕旨。照法律他当然有违旨的罪。但从政治看来，琦善的草约是当时时势所许可的最优的条件，最少的损失。我们倘与南京条约相较，就能断定《穿鼻草约》是琦善外交的大胜利。《南京条约》完全割香港；《穿鼻草约》尚保留中国在香港收税的权利。《南京条约》开五口通商；《穿鼻草约》仍是广东一口通商。《南京条约》赔款二千一百万元；《穿鼻草约》赔款只六百万元。我们倘又记得义律因订《穿鼻草约》大受了巴麦尊的斥责，我们更能佩服琦善的外交能力了。

订了此约以后，琦善苦口婆心地求朝廷批准。道光二十一年（1841年）正月二十五到京的奏折可说是他最后的努力。他说战争是万不可能，因为地势无要可扼，军械无利可恃，兵力不固，民心不坚。“奴才再三思维，一身所系犹小，而国计民生之同关休戚者甚重且远。盖奴才获咎于打仗之未能取胜，与获咎于办理之未合宸谟，同一待罪，余生何所顾惜。然奴才获咎于办理之未合宸谟，而广东之疆地民生犹得仰赖圣主洪福，藉保乂安。如奴才获咎于打仗之未能取胜，则损天威而害民生，而办理更无从措手。”宣宗的朱批说：“朕断不似汝之甘受逆夷欺侮戏弄，迷而不返。胆敢背朕谕旨，仍然接递逆书，代逆恳求。实出情理之外，是何肺腑，无能不堪之至。”“琦善着革去大学士，拔去花翎，仍交部严加议处。”部议尚未定夺，怡良报告英占据香港的奏折已于二月初六到了北京。宣宗即降旨：“琦善着即革职锁拿……家产即行查抄入官。”北京审判的不公，已于上文说明。

琦善与鸦片战争的关系，在军事方面，无可称赞，亦无可责备。在外交方面，他实在是远超时人，因为他审察中外强弱的形势和权衡利害的轻重，远在时人之上。虽然，琦善在中国历史上的地位不能算重要。宣宗以后又赦免了他，使他做了一任陕甘总督、一任云贵总督。他既知中国不如英国之强，他应该提倡自强如同治时代的奕䜣、文祥及曾左李诸人，但他对于国家的自强，竟不提及。林则徐虽同有此病，但林于中外的形势实不及琦善那样的明白。